そこが知りたい

労務
相談

ポイントで解決！

弁護士 伊山 正和
Iyama Masakazu

経営書院

はじめに

　従業員が、労働局や労働基準監督署の総合労働相談コーナーに出向いて相談をした件数は、10年以上の間、連続して100万件を超えているといわれており、労務問題は年々増え続けています。この本を手に取っていただいた皆さまも、様々な労務問題に頭を悩ませておられることでしょう。

　労務問題とはすなわち、従業員が持っている労働者としての権利にまつわるトラブルです。解決のポイントは、そこでどういう権利が問題となっていて、雇用主はどこまでのことをしなければならないか、というところにあります。

　万全の備えで適切な対応をするためには、法令の内容に深く踏み込んで、なるべく多くの裁判例などの実例に接することが一番だといえます。従業員と雇用主との間で生じた労務問題への対処法を解説する書籍の多くは、こういう観点から、法令や裁判例の詳しい解説が試みられています。

　しかし、まさに目の前で問題が起きているときに一番知りたいのは、「それで、どうしたら良いのか」ということではないでしょうか。この本は、労務問題としてよくある事例を30項目ピックアップして、それぞれに一問一答での回答を示すことで、「そこが知りたい」に対応することをねらいとしています。

　労務問題でよくあるお悩みは、皆さまだけのお悩みではありません。まずは目次を開いていただければ、きっと当てはまるお悩みがあるはずです。それぞれの項目では、「そういう問題は、このようになる」という、ごく一言でまとめた回答を示してあり、なぜそのような回答になるかを「解決のポイント」として手短に説明しています。ここまでで、解決の方向性はおおむね理解いただけるはずです。そして今後、同じような問題が生じないようにしたり、もっと

上手に対処することができるよう、「応用のポイント」も読み進めていただければと思います。各項目の最後には、実際の裁判例を参考にした事例による「実例でチェック」というパートを置いています。具体的な事案に対して、ご自身ならどのように対応されるかを想像しながら、理解のチェックに役立ててください。

　この本では、法令や裁判例の詳しい解説は思い切って省略をしており、法律用語もなるべくわかりやすい表現に言い換えています。法律の専門家でない方でも、「そこが知りたい」という部分だけを、ごく短時間で読み切っていただけます。職場の人事労務担当として、労務問題に取り組んでおられる皆さまのお供として、お役に立てれば幸いです。

　　令和5年4月

　　　　　　　　　　　　　　　　　　弁護士　伊　山　正　和

目次

はじめに

第 **3** 章	労働時間・残業代
	〜きちんと支払っているのになぜ未払いに？〜

第 **4** 章	問題社員対応
	〜他の従業員も困っています〜

第5章 退職
～立つ鳥が跡を濁すのですか？～

第 1 章

入社・雇用契約

～よい人材だと思ったのに～

Q1 雇用契約の代わりに請負契約や業務委託契約にしたいのですが、問題がありますか。

A1 どのような契約の「形式」であっても、「中身」が雇用契約であれば、問題になります。

解決のポイント

　従業員を「雇う」と、「こういったことを、このようにやってください」と指示できる反面、残業になってしまえば残業代が生じますし、正社員ともなれば、雇用保険や社会保険への加入義務もあります。そうしてずっと働いてもらえるようであればまだしも、色々な事情があって、雇い続けることが難しくなったときでも、雇用主の都合で一方的に辞めてくださいということもできません。そういうことならいっそ、「雇用契約」にするのではなく、「請負契約」や「業務委託契約」にしてしまえば、一挙解決となるのでは、とお思いではありませんか。しかし、世の中そんなに甘くはありません。

　契約書の書き方をどれだけ工夫しても、「中身」が雇用そのものだと判断されてしまえば、どんな表題をつけようとも、またどんな**契約書を使おうとも、法律上は雇用しているものとして取り扱われ、契約の相手方は労働基準法の適用を受ける労働者であると評価されてしまいます。**

　もし、従業員と同じように働いてもらおうというのであれば、その人との契約は、どう頑張っても雇用契約にしかならず、労働者で

あるとの評価から逃れることはできません。雇用契約の「代わり」に請負契約や業務委託契約にして、労働基準法の世界から脱出してしまうという便利な方法は、この際、「ない」と思っていただくべきです。

　それでも「どうしても」ということであれば、派遣という方法がないわけではありません。**派遣であれば、派遣先であるこちら側で雇用保険や社会保険に加入することにはなりませんし、労働基準法上の責任も、まずは派遣元が果たすべき筋合いのこととなります。**しかし、そういうことだからこそ、それ相応の派遣料が請求されますし、**人材定着面においても望ましいとはいえません。**企業のより良い成長を目指すのであれば、派遣はあくまでも臨時の手段にとどめるべきといえます。

応用のポイント

　契約書の形式ではなく「中身」の問題だとして、どういう点が問題とされるのか、その基準が気になるところです。おおむね、次のような点がポイントになります。

　まず、本当に請負や業務委託であれば、それはいわば職人の仕事となりますので、毎日の仕事をどうするかは職人である相手方にお任せするのが基本となるはずです。依頼主から、今日はこれをやれ、明日はここまでやれなど、事細かに指図されることなど、普通はありません。**毎日の仕事の指図を受けていたり、そもそも仕事をするかしないかの自由がないと、それはやっぱり雇用でしょうということになりがち**です。このことは、使用する側の指揮監督下の労働にあたっていたといえるかどうかという論点として整理されています。

　次に、**支払われる報酬が何を基準にしているか**という点もポイントとなり得ます。我が国の労働基準法は、働いた「時間」に対して報酬を支払う仕組みになっており、請負だ、業務委託だといってみても、仕事の成果や中身を問題にしないで、要するに**働いた時間分だけ報酬を支払う**となると、もしかするとそれは雇用ではありませんか、という話になることがあります。

　こうした観点のほか、**請負や業務委託で働いているのであれば、個人事業主であるはずなので、屋号を使っていたり、確定申告を自**

労働者性チェックシート ☑が多いほど労働者性が認められやすい

使用従属性の判断	指揮監督下の労働	☐ 仕事の依頼、業務従事の指示等に対する諾否の自由が乏しい
		☐ 業務の内容及び遂行方法に対する具体的な指揮命令に従わされる
		☐ 勤務場所及び勤務時間が指定され、管理されている
		☐ 本人に代わって他の者が労務を提供したり、補助者を使うことは認められていない
	報酬の労務対価性	☐ 報酬が時間給を基礎として計算される等労働の結果による較差が少ない
		☐ 欠勤した場合に応分の報酬が控除される
		☐ いわゆる残業をした場合に通常の報酬とは別の手当が支給される
		☐ 一定「時間」労務を提供していることの対価として報酬が支払われる
補強要素	非事業者性	☐ 生産手段としての機械、器具を自己負担していない
		☐ 当該企業において同様の業務に従事している正規従業員と比較して高い報酬とはいえない
		☐ 業務遂行上の損害に対する損害負担を予定していない
		☐ 独自の商号・屋号を使用していない
	専属性	☐ 他社の業務に従事することが制度上制約され又は時間的余裕がなく事実上困難
		☐ 報酬に固定給部分がある又は業務の配分等により事実上固定給となっている
		☐ 報酬額が生計を維持しる程度である等生活保障的な要素が強い
	その他	☐ 採用、委託等の選考過程が正規従業員の採用の場合と大差がない
		☐ 報酬に対して給与所得としての源泉徴収が行われている
		☐ 労働保険の適用対象とされている
		☐ 服務規律が適用されている
		☐ 退職金制度その他、福利厚生が適用されている

分自身で行っているか、他の会社からも仕事を受けることができているのかといったことも補足して検討されることになります。結局、**請負や業務委託の形式をとってみたところで、実際には従業員と同じように働いているようでは、どう頑張っても雇用だと評価されてしまう**ということになります。実務的には、昭和60年12月19日付で労働基準法研究会によってまとめられた、「労働基準法の『労働者』の判断基準について」という報告書が参照されています。こちらはインターネットで検索することで入手することができますので、もしもっと深く検討する必要があれば、是非、お手にとってみてください。

　より具体的に、どういった項目が問題となりそうか、ありがちなものをピックアップしたチェックシートを左記に用意しましたので、参照してみてください。

実例でチェック

　A製造社では、自社製品納品のための運送業務の一部にあたってもらうため、個人でトラックを所有するXとの間で、業務委託契約を結んでいました。A製造社は、Xにいつでも依頼に応じられるよう、専属的契約を締結していて、いつ、どこで、何を、どのように運ぶかは、すべてA製造社の指示に従うこととなっていました。一方で、指示した製品を適時に納品さえしてくれれば、具体的な勤務時刻は特に定められていませんでした。

　A製造社からXに対して支払われる報酬は、どれだけ運べるか、どこまで運んだかという運賃表に基づいて出来高で支払われていました。他方で、トラックの購入代金はもちろん、ガソリン代、修理代、高速代、保険等もすべてXが負担しており、A製造社からこれ

らについての追加の支払いはなされていませんでした。また、報酬から源泉徴収や雇用保険・社会保険料の控除もありませんでした。

　このような場合、ＸはＡ製造社の従業員ではなくて、契約の形式どおり、業務委託契約とみて構わないといえるでしょうか。（参考裁判例：最判平成8年11月28日労働判例714号14頁［旭紙業事件］）

　まずこの場合、ＸはＡ製造社の依頼にいつでも応じられるよう、専属的契約を締結しており、いつ、どこで、何を、どのように運ぶかも、すべてＡ製造社の指示に従うこととなっていたことから、こういうことではＡ製造社の従業員と同じではないのか、ということが問題となり得ます。

　しかし、いつ、どこで、何を、どのように運ぶかについて指示があったとしても、それは運送という業務の性質上、当然に必要とされるものといえるので、必ずしも決定的な要素ではありません。むしろ、従業員と同じだというのであれば、勤務時刻もきっちりと定められるはずですが、Ｘの場合、とにもかくにも、荷物を届けてくれれば良いという内容となっていたので、**従業員と比べて、時間的・場所的な拘束の程度がはるかに緩やかであった**といえます。こうしたことをふまえると、ＸはＡ製造社の指揮監督下の労働として、仕事にあたっていたとは評価されにくいといえます。

　また、従業員であれば、働いた「時間」に応じて報酬が支払われるのが労働基準法の原則的な考え方です。Ｘの場合、**運賃表に基づいて時間とは無関係な出来高によって報酬が支払われていたので、雇用とは違う形態といえる**であろうという判断に傾き易くなります。もっとも、従業員であったとしても、出来高払によって賃金を定める方法もあり得ますので（労基法27条参照）、このことは決定的な要素にはなりません。

　本件ではこうした事情だけでなく、**トラックをＸ自身の負担で用**

意し維持していること、源泉徴収や雇用保険・社会保険の対象とも
されていないことなどもあわせて考慮することで、文字通り、Ａ製
造社との業務委託契約関係にあったといって差し支えないといえる
でしょう。

　もし、Ｘに対して、**始業・終業の時間的な拘束をしていたり、ト
ラックの持ち込みではなく、Ａ製造社が用意していたものに乗務さ
せていた**、などといった事情があった場合には、結論は違ってくる
可能性があります。特に今回のケースでは、ＸはＡ製造社と**専属的
に契約をしており、それ以外の仕事を事実上できない**のですから、
Ａ製造社の「一員」であったと評価されたとしても、不思議ではあ
りません。

　このように、請負や業務委託の契約形式をとっていた場合に、雇
用として評価されないかどうか、つまりは働く者が労働基準法上の
労働者にあたらないかどうかの判断は、**何か一つの要素があるかど
うかによって結論が決定的に定まる、というものではありません。**
とはいえ一般的には、従業員ならではの事情、つまり時間的・場所
的な働き方の拘束を受けて、**使用者の指揮監督下で労働に従事して
いるといえるような要素が多ければ多いほど、契約の中身は雇用で
あり、労働基準法上の労働者にあたると評価されやすくなる**といえ
ます。

Q2　採用内定の取消しをしたいのですが、注意することはありますか。

A2　内定通知によって契約成立となることに十分注意した、慎重な対応が必要です。

解決のポイント

　採用内定と正式な採用とは別のもので、我が社の従業員になるのは、正式な採用があってから後のことだとお考えではないでしょうか。社会常識からすると、内定はあくまでも「内々の話し」であって、「これからよろしくね」という、ごあいさつ程度のものという受け止め方もあるかもしれません。

　ですが、光栄にも我が社を第一志望として応募してきた人であれば、内定通知を受け取ったその日から、もう我が社の一員となった気持ちになり、以後は他社への就職活動などしないでしょうし、入社日までの準備を着々と進めることでしょう。そういう人に対して、内定の取り消しを伝えたならば、すんなりと受け入れてもらえるでしょうか。もちろん、そう簡単ではないはずです。

　内定通知を受け取った人が、我が社の従業員として働けると期待することは当然のことであり、内定を取り消すということは、その期待を裏切るということになります。ですから、**どういう事情で取り消さなければならなくなったのか、丁寧に説明をすることが必要**であり、できる限り、納得を得るよう誠意を示すことが必要です。

そして可能であれば、双方了解の上で内定を取り消したということ
を証拠化するため、**内定取消の合意書を取り交わすことまで出来れ
ばより良い**といえます。場合によっては、金銭的な補償もある程度
考慮してでも、円満解決を目指した方が絶対に良いといえます。き
ちんとした理由もなく、たった1枚の取消通知書を一方的に交付す
る、というやり方はトラブルのもとになります。

　ちなみに、新卒者の場合は、我が社だけでなく、複数社から同時
に内定通知を受けることも少なくありません。その場合、もしかす
ると我が社に対して、先方から内定辞退の申出がなされることもあ
るかもしれません。そんなとき、「そこをなんとか我が社へ」とお
願いをすることはできますが、あくまでもお願いの限度にとどまり
ます。どうしても他社に行くといわれてしまったとしても、強制的
に我が社へ就職してもらうことはできませんし、まして損害賠償を
請求するとか、そういうわけにもいきません。採用活動は、場合に
よっては内定辞退があり得ることも織り込んで、計画を立てる必要
があるのです。

応用のポイント

　どのように働いてもらって、どれだけの給料を支払うかというこ
とは、雇用主と従業員との間の雇用契約によって定まります。雇用
契約の中でも労働基準法その他の労働法に適った契約であることを
意識するときには、あえて意識して、雇用契約ではなく「労働契
約」と呼ぶこともあります。

　労働契約がひとたび成立してしまえば、雇用主も従業員も、その
契約内容に従わなければなりません。雇用主が従業員を解雇するこ
とは、法律上はそう簡単ではない、ということはよく知られている

ことです。これは労働契約法という法律で、「解雇は、**客観的に合理的な理由を欠き、社会通念上相当であると認められない場合は、その権利を濫用したものとして、無効とする**」との定めがあるからです（労契法 16 条）。

　しかし、採用内定の段階では、すぐに働いてもらうわけではありませんし、場合によっては取消しもあり得るという含みを持たせることもあるでしょう。そうであれば、内定は契約締結の過程であって、まだ労働契約の成立には至っていないのではないか、という考え方もあり得そうです。実際、そのように考える学説もあるにはあるのですが、実務の世界ではひとたび裁判になってしまったら、どういう結果になるか、ということを考えてことに当たらなければなりません。

　判例では、なるほど働いてもらう時期はもう少し後で、取消しとなることもあり得るかもしれないけれども、それはそういう期限や条件が付いているだけのことであって、内定段階でもすでに労働契約は成立している、と考えられています。いわく**内定段階でも、始期付・解約権留保付労働契約なるものがすでに成立している**のだ、という考え方です。ケースバイケースで、すべての内定がこれにあたるというわけではありませんが、特に雇用主側からは、これが原則形態であると考えて慎重に対応することが、足下をすくわれないためには重要です。

　この考え方を前提にした場合でも、内定段階での労働契約には解約権なるものが留保されているわけですから、雇用主側がこの権利を行使して、契約を解消する、ということが広く認められそうにも思えます。しかしここで、先ほどの労働契約法の考え方がもう一度出てきます。**解約権は無制限に行使できるのではなく、「客観的に合理的な理由」と解約、すなわち内定取消をすることに「社会通念上相当」な理由が伴っていなければ、権利の濫用にあたってしまうという**

理屈になるのです。きちんとした理由を示さないで、取消通知書を出せば良い、というわけにはいかないのは、こういう理由からです。

内定取消の理由は、「客観的」に合理的なものでないとならないので、「なんとなくこの人は良くない」という程度のものでは足りず、「こういう事実があったでしょ」と説明できるものでなければなりません。そして説明できる事情があったとしても、それが「社会通念上相当」でなければなりません。この「社会通念」が曲者で、私たちの考える「常識」だと思うと、ズレが出てしまうことがあります。ここにいう「社会」とは、「裁判所の頭の中にある社会」であり、「労働法が隅々にまで行き渡っていて、誰もがその価値観を享有している社会」のことです。要するに、**法律と判例に合致しているかどうか**、ということが問題とされるので、私たちが「ここまでは常識の範囲内でしょ」とどれだけ頑張ってみても、法律や判例の価値観に合わなければ、まったく取り合ってもらえないということになるのです。

どこまでが社会通念上相当といえるかについて、スッキリした基準があるわけではありません。ですがおおむね、「それでこの人を採用して、会社にどんな『実害』が出るのですか」という問われ方をすると心得ていただくと、目安になるといえます。「評判が落ちる」ということも一つの理由となりそうですが、「そうですか、では評判が落ちることを『証明』してください」といわれかねないので、ここにいう実害は、証明可能なものでないと厳しいということも、あわせて頭に置いておいてください。

実例でチェック

大学卒業見込みの新卒者であったXは、Y社の面接試験を受けま

した。しかし、面接時にＹ社の面接担当者がＸに対して持った印象は、あまり積極的なタイプではなく、むしろ陰気な雰囲気だというもので、実際、採用候補者には残らないようなものでした。

その結果、ＸはＹ社の第一次的な採用候補者には残らなかったのですが、先に内定を出した他の候補者からの辞退が想定より多く見込まれたことや、Ｘの大学の先輩にあたる他の従業員から、Ｘが大学の体育会系の部活動で積極的な役割を果たしていたことの進言を受けたことから、Ｘも採用候補者に含めることとなりました。そうしてほどなく、Ｘに対しても採用内定通知が送られました。

このようにＹ社では、**もともとＸの採用に積極的ではない向きがあったのですが、そのこと自体はＸに直接的には知らされていませんでした。**一方でＹ社は、はたしてＸが実際に見た目よりも積極性のある人物かどうかを判断するため、Ｘが所属していたという大学の体育会系の部活動などに調査を行いました。その結果、特にＸが目立って積極的だったという事情は見当たらなかったので、**やはりＸをそのまま採用すべきではないのでは、という声の方が大きくなっていきました。**

Ｘに発せられた内定通知には、Ｙ社からの内定取消があり得る場合として、履歴書等に虚偽申告があった場合、卒業できなかった場合、健康状態が低下した場合、その他の事由による勤務不適当などが定められていました。Ｙ社は、こうしたＸの積極性や性格面での不安について、勤務不適当と認めるべき事由があり、採用するのは不適当だという判断に至り、**具体的な理由は何も示すことなく、ただ内定を取り消すという内容の通知を発しました。**このような内定取消は、認められるのでしょうか（参考裁判例：最判昭和54年7月20日労働判例323号19頁［大日本印刷事件］）。

採用内定を出すからには、「この人には是非とも我が社で働いてもらいたい」という会社側の判断がどこかであったはずで、内定通

知を受けた側としても、会社からウェルカムの意思表示をしてもらったと思うことが当然です。「実はキミには、あまり良い印象がなかったのだが、どうしてもという声があってね……」などということも、実態としてはあるかもしれませんが、そういうことを直接に言われでもしない限り、「もしかすると、自分は補欠合格だったのかもしれない」などと思いながら入社する人などは、ほとんどいないといえるでしょう。

　一旦、採用内定通知を発するということは、たとえ面接の結果が思わしくなかったとしても、内定に転じた時点で、雇用主側として「この人は我が社の従業員としてふさわしい」という判断をしたということになります。それなのに、「やっぱりあなたはふさわしくない」ということは、単なる心変わりに過ぎず、客観的に合理的な理由も、社会通念上の相当性も、どちらも見いだし難いです。こうした心変わりによる内定取消は、まず認められないと考えておくべきです。

　とはいえ、面接だけで人物評価を尽くすことは不可能です。たとえ採用内定が、一度はその人物が我が社にふさわしいという表明をしたものだと受け取られるとしても、**そのときに知ることができず、また知ることが期待できないような事実を理由にする場合に**は、前提自体が違ってくるのですから、採用取消もあり得るということになります。設例のケースでは、積極性や性格に難があるかもしれない、ということは面接の段階でわかっていたのですから、この観点からも問題があるといえます。

　では、採用内定時に知ることができず、また知ることが期待できないような事実を理由にすれば、内定取消は認められるのでしょうか。結論からいうと、そうとは言い切れません。なぜならここで、それを理由とすることが客観的に合理的な理由といえるか、それを理由に内定取消をすることが社会通念上相当といえるかが問われる

ことになるからです。

　よくある例としては、学歴、職務歴、病歴などの経歴が事実と違っていたという、いわゆる経歴詐称を理由とした内定取消が可能か、という問題があります。設例にあるように、内定通知書には通常、履歴書等に虚偽申告をしていたことが発覚した場合には、内定を取り消すということが記載されており、経歴を偽ったのは当の本人なのですから、この場合の内定取消は認められて当然でしょう、と思われがちです。しかしこれも、そう簡単な話しではありません。

　たとえば**経歴詐称があったとして、その経歴があったのとなかったのとで、その人物の実際の労働力の提供に違いが生じてくるでしょうか。**運転手として採用した人が免許を持っていない、看護師として採用した人が資格を有していないなどの場合は、そういう仕事をさせることができませんから、その経歴があるかどうかは大問題です。しかし、学歴や職務歴については、専門分野の能力を期待して、学歴や職務歴を選考の根拠としたという場合には、重大な経歴詐称といえる可能性がありますが、高卒よりも大卒が欲しかったとか、正社員経験がないのであれば採用しなかった、などといったようなことがらでは、その詐称がどれだけ実害を伴うのかを具体的に立証できなければ、内定取消の理由にはなり得ないと考えておいた方が無難です。

　実務的によく問題となるのは、病歴の詐称や不申告についてです。特にメンタル面での不安を抱えている従業員は、面接時には健康を回復していたとしても、ストレス耐性がもともと弱いなどの事情から、在職中にメンタル面での不調を訴えるのではないか、という不安が生じ得るところです。

　しかし、かつてメンタル面で不調を抱えていたとしても、面接にまでやってきて、その際のやりとりから適性ありと判断できるよう

な状態にあったならば、少なくともその時点では、相応に健康が回復している状態にあったということでしょう。そうであれば、「いずれまたメンタル面で不調を訴えるかもしれない」というのは、どこまでいっても「かもしれない」の程度の問題であり、内定取消をする上での客観的で合理的な理由とは認められず、社会通念上の相当性もないといわれてしまう危険性が高いといえます。**病歴があっても、現段階で健康を回復しており、あるいはその病気を抱えていること自体、直ちに仕事に影響を与えるようなものではない場合には、内定取消を行うと相当に紛争リスクを抱えますので、避けるべきです。**

（内定取消合意書のサンプル）

```
                       合　意　書

                            甲　　　○　　○　　○　　○
                            乙　　　株式会社□□□□


    甲及び乙は、乙の甲に対する採用内定の解消（以下、「本件」という。）
  につき、以下のとおり合意した。

  1　甲及び乙は、甲乙間の採用内定に基づく一切の関係を、本日、合意
    により解消する。

  2　乙は、甲に対し、本件についての解決金として、金●円を支払う義
    務があることを認め、これを令和○年○月○日限り、甲が指定する甲
    名義の下記銀行口座に対し、一括して送金する方法により支払う。但
    し、送金手数料は乙の負担とする。
                           記
          ○○銀行　　○○支店　普通預金　　○○○○○○○

  3　甲及び乙は、方法の如何を問わず、相手方を誹謗中傷する等、相手
    方に対し、不利益な言動をしないことを相互に約する。

  4　甲及び乙は、方法の如何を問わず、本合意内容について、法令に基
    づき届け出を行う場合等、正当な理由がある場合を除き、第三者に対
    して口外しないことを相互に約する。

  5　甲及び乙は、本件に関し、本合意に定めるほか、相互に何らの債権
    債務が存しないことを確認する。

    以上の合意内容を証するため、本合意書2通を作成し、甲乙各1通ず
  つ保有する。

    令和○年○月○日

               甲                              印
               乙                              印
```

Q3 試用期間中の働きぶりがよくないので、そのまま辞めてもらいたいのですが、どうしたらいいですか。

A3 「働きぶりがよくない」ことの「証明」ができるよう、期間中に注意指導することが重要です。

解決のポイント

　多くの事業所では、採用から３ヶ月ないし６ヶ月程度の試用期間が設けられています。面接や採用試験などを通じて、「この人ならば」ということで採用に至るわけですが、実際に働いてもらってからでないとわからないことも多々あります。試用期間は、そうした従業員としての適格性を観察するための期間として設けられているのが一般的です。

　では、試用期間中の働きぶりをみて、どうもこの人は働いてもらうには問題があるんじゃないか、という判断に至ったときには、本採用をせずに辞めてもらうということができるのでしょうか。結論的にいえば、適性がないということを証明できて、なるほど辞めてもらわなければ仕方ないな、ということを納得させることができれば、辞めてもらえるということになります。裏を返せば、こういう証明ができないと、本人の納得なしに辞めてもらった場合には、トラブルになるリスクが大きいといえます。

　試用期間とはいえ、すでに雇い入れているわけですから、従業員の意向がどうであれ、辞めてもらうということは、解雇にあたりま

す。解雇はそう簡単に行うことはできない、ということはよく知られていることですが、**試用期間だからといって、解雇をしやすくなるということにはなっておらず、結局はその従業員を解雇できるかどうかということと大差がない**と心得ておく必要があります。

　ちなみに、解雇になってしまうことが問題なのであれば、試用期間に相当する期間を３ヶ月ないし６ヶ月の有期契約として、適格性が認められた場合にのみ、改めて正社員として再雇用する、というアイディアが思い浮かぶかもしれません。しかし、この実態は試用期間そのものなのですから、形式を有期契約にしたところで、期間満了だけを理由にして、雇用の打ち切りが正当化されるというようなものではありません。

応用のポイント

　試用期間とはいえ、従業員をひとたび雇用した以上、雇用主は労働基準法その他の労働法に適った内容の労働契約に従わなければなりません。一方で、試用期間をどれぐらいの期間とするのか、また試用期間中はどのようなことをすべきかについて、直接にルールを定めている法律はありません。そのため試用期間についての取扱いをどのようにすべきかは、個別具体的な法律の定めよりも、労働法の趣旨というものに立ち返って考えることが必要になってきます。

　この労働法の趣旨というものを本気で考え出すと、近代以降の人類の歴史にまで踏み込まなければなりませんが、極めておおづかみでいうと、**真っ当に働いている労働者が、不当に過酷な状況での労働を強いられることがないように法律で保護をする**、という考え方が最大公約数的なものであるということができます。これは身体一つしか生活の手段を持たない労働者が生きていくためには、大規模

な資産を有する資本家へ労働力を提供して賃金を得るしかなく、何らの法規制もなければ、労働者が資本家の言いなりで過酷な労働を余儀なくされかねないという発想があるといえます。

　しかし、我が国においては、すべての企業の99.7％が中小企業であるといわれており、人材確保に苦しんでいる雇用主も少なくないというのが実情です。そのため、雇用主が大規模な資産を有する資本家だといわれても、ピンと来ない雇用主の方も少なくないでしょうし、どうかすると従業員に頭が上がらない社長という方や、弱い労働者という発想にもスッキリしない感覚をお持ちの方もいるかもしれません。

　ですが、いわゆる一人親方ではなく、人を雇っている以上、多かれ少なかれ、従業員の働きなしには、事業をやっていくこと自体ができないのではないでしょうか。労働法が保護している労働者は、そのように事業を支えて「真っ当に」働いてくれる労働者のことだと思えばどうでしょうか。少しは労働法の趣旨というものにも、ご理解を示していただけるのではないかと思います。

　たとえ労働法といえども、**真っ当に働かない労働者に対しては、雇用主において注意指導をしたり、懲戒処分を行ったり、さらには解雇をすることさえもあり得ることを当然の前提**としています。問題はこの「真っ当に働かない」ということをどう考えるべきか、ということころにあります。どれだけ雇用主がその従業員のことを「真っ当に働かない」と思っていたとしても、それが労働法の趣旨からも「真っ当に働かない」と評価されない場合には、雇用主の言い分は通用しないということになるのです。

　労働法の世界では、雇用主の言い分の当否を判断すべき場面において、その対応に、**客観的に合理的な理由があり、社会通念上相当であると認められるか**、という基準がほとんどどこでも出てきます。典型的には解雇の場面で、労働契約法という法律にて、「解雇

19

は、客観的に合理的な理由を欠き、社会通念上相当であると認められない場合は、その権利を濫用したものとして、無効とする」との定めが置かれています（労契法 16 条）。

　この基準自体、抽象的でわかりにくいものですが、客観的に合理的な理由に基づく対応といえるためには、気分や気持ちで対応するものであってはならないことはもちろん、そういう理由に基づくものであることを「証拠」によって証明できることが求められていると考えると、大きく外れることはありません。「真っ当に働かない」ということが理由になるためには、やる気がないとか、社風に合わないとか、「それはあなたの気持ちの問題でしょう」と一蹴されてしまうような主観的な事情をどれだけ並べたところで意味がありません。指示をした仕事ができていない、遅刻や早退が多い、他の従業員とのトラブルがある、お客様からクレームがあるなど、**目に見える客観的な事情で、なおかつそういうことがあっては仕事に差し支えるという事情を理由にしなければならない**というわけです。

　では、こういった事情があれば、試用期間満了により本採用をしなかったとしても問題ないかというと、まだもう一つ、乗り越えなければならないところがあります。それが社会通念上相当であると認められるか、という基準です。この「社会通念」とは、必ずしも私たちの考える「常識」とは限りません。労働法の世界での「社会」とは、「裁判所の頭の中にある社会」であり、「労働法が隅々にまで行き渡っていて、誰もがその価値観を享有している社会」のことだからです。そこでは、法律や判例の価値観こそが全てであり、中でも労働法の趣旨なるものは、労働法の世界に存する普遍の真理に他なりません。

　少々表現が大げさに過ぎましたが、試用期間についていうならば、「まだ働き始めて間がない人なのだから、今は真っ当とはいえなくとも、伸びしろを考慮すれば、まだ真っ当な労働者と考えるべ

きではないのか」というのが労働法の世界での社会通念となると考えれば、これもまた大外しにはならないといえます。真っ当な人間であれば、たとえ失敗していても、言って聞かせれば良くなっていくはずであり、伸びしろを考慮してもダメだといえるためには、言って聞かせたけれどもダメだったというようなものでなければならない、というわけです。

　試用期間は、従業員の適格性を観察する期間ですので、適格性に問題があるようなふるまいがあったときには、きちんと指摘をして、どのように改善して欲しいか、言って聞かせることが必要です。しかし、実際に言って聞かせたとしても、本当に問題のある従業員であれば、「そんなことは言われていない、聞いていない」などと言い訳をしてくることも十分考えられます。**試用期間中の注意指導は、何が問題で、どうすべきかを具体的に特定した上で注意指導をして、その要領を書面に残しておくということが重要**だということになります。

　裁判例上は、試用期間は雇用主からの解約留保権付の雇用契約期間であると評価されています。試用期間後に本採用をしないということは、この解約権を行使するということに他なりません。しかし、契約の解約には理由が必要であることはご理解いただけることでしょう。試用期間中に注意指導を繰り返し、それでも改まらなかったので、もはや伸びしろもないと判断せざるを得ないということが、その理由となり得るのです。注意指導がなされていない、具体的な改善目標が定められていない、こういったことはやっていたけれども、やっていたという証拠がないといった状況で裁判所の判断を受けたならば、「ならば、まだ伸びしろにかけてみる必要がありますね。もう少し、雇ってあげてください」という結論を示されるリスクが極めて高いということになります。

　ところで、試用期間をどれぐらいの期間とするかについては、お

おむね3ヶ月から6ヶ月であることが多いのですが、これは実際にこうした注意指導を必須と考えると、理に適っています。まず最初の1ヶ月目で働きぶりを確認して、改善すべき点を洗い出し、個別に伝えます。次の2ヶ月目では、先月指摘したことができているかを確認して、改善状況が芳しくないようであれば、本採用ができない場合があることを予告します。そして3ヶ月目、先月、先々月と注意指導したにもかかわらず、やはり改まらないということであれば、いよいよ本採用をどうするか、という流れを想定することができるためです。

　こうした手順を踏むためには、最低でも3ヶ月は必要ですし、より慎重を期するためには、もう少し余裕をもって6ヶ月間を試用期間とするということもあり得ます。試用期間内に適格性を判断しきれない場合には、就業規則に定めることにより、その期間を延長するということもあり得ます。しかし、長々と期間を延長し続けることは、従業員にとって、本採用されるのかどうか、不安定な立場に置き続けることになりますので、終期を置かないことは論外ですし、長すぎる期間の延長も無効とした裁判例があります（名古屋地判昭和59年3月23日労働判例439号64頁［ブラザー工業事件］）。どれだけ長くとも、1年を超えて延長することは避けるべきであるといえます。

実例でチェック

　Xは、いずれ管理職候補ともなり得る従業員として、Y社に新卒採用されました。Y社では、3ヶ月間の試用期間が設けられていましたが、Xはその期間満了目前に、急にY社から本採用できないということを口頭で告げられました。

　しかしXが３ヶ月間勤務した間において、遅刻や欠勤が過ぎたわけでもなく、他の従業員とトラブルを起こしたわけでもないし、仕事ぶりそのものも、目立って悪いものではありませんでした。実際、Y社側から注意指導を受けたこともありませんでした。

　それにもかかわらずY社がXの本採用を拒否したのは、実はXは、大学在学中に過激な学生運動に関与していたことが判明し、そういう経歴を持つ人物は、将来の管理職候補としてふさわしくないと判断するに至ったためでした。

　このような理由によって、本採用を拒否することは可能でしょうか（参考裁判例：最判昭和48年12月12日労働判例189号16頁［三菱樹脂事件］）。

　今となっては歴史上の出来事ともいえる学生運動ですが、現代的な感覚でいうならば、学生時代に何やら良からぬサークルや団体に参加しており、当人自身はその中心メンバーとまではいえないものの、他の中心メンバーからは、逮捕者や裁判で有罪判決を受けた者さえもいた、というような事情が後日に判明した場合であると置き換えていただいても良いかもしれません。雇い入れた側からすると正に驚天動地であり、本採用なんてとんでもない、と反射的に思ってしまっても無理のないことでしょう。

　しかし、今もなお、そういう活動をしているというのであれば考えどころですが、卒業を契機に社会人として身を引き締め、実際、この３ヶ月間も問題なく働き続けたということを考えれば、どうでしょうか。もし、過去の一時期の過ちが一生涯尾を引くということであれば、人生のやり直しというもの自体がとても難しくなります。それも自己責任だという考え方もあり得ますが、おそらくこういった事例が裁判所に持ち込まれた場合には、心を入れ替えて働くのであれば、やり直しを認めてやっても良いのではないか、という判断に傾くと予想されます。

　試用期間はあくまでも、働く上での適格性を観察するための期間なので、**その人がどういう思想信条を持っているか、あるいは趣味嗜好を有しているかは、それが働くことに影響を及ぼさないのであれば、マイナス評価を受けるようなことにはなり得ません。**もちろん、社風というものもあり、雇用主が一定の経営理念に基づいた戦略を立てて事業を営まなければ、厳しい競争社会を生き抜くことができません。そのため、採用するかどうかという場面においては、雇用主が経営理念に合わないからという理由で応募者を不採用とする自由もあります。しかし、ひとたび雇い入れた以上は、客観的に合理的な理由を伴い、社会通念上相当と認められない解雇は無効になってしまうので、仕事上の問題がない限り、思想信条や趣味嗜好を理由として解雇することは認められないということになるでしょう。

　実際の事件では、試用期間後の本採用拒否は、通常の解雇よりも広い範囲の解雇の自由が認められるべきである、との考え方が最高裁によって示されています。しかしそれはせいぜい、通常の解雇が長い期間かけての勤務態度等を考慮するのに対し、試用期間においては短期間の観察によって物事が決せられるという意味で、雇用主が考慮すべき事情が自然に小さくなるので、勢い、解雇の自由の幅が広まって見えるようになる、という限度で理解しておくべきでしょう。試用期間後の本採用拒否は、通常の解雇よりも広い範囲の解雇の自由が認められるとした当の最高裁も、Ｘの活動歴だけで本採用拒否が認められるとは判断せず、それが**入社後の行動や評価等に及ぼす影響を検討し、総合的に判断しなければならない**として、審理を高裁へ差し戻しました。その後、和解が成立して、ＸはＹ社に復帰し、最後はＹ社の子会社の社長にまでなったそうです。

　試用期間中に観察すべき従業員の適格性は、もっぱら仕事上、問題があるかどうかというところにのみ注目すべきであり、仕事以外

の理由によって本採用を拒否した際には、トラブルになり得るだけ
でなく、優秀な人材をみすみす逃してしまうことにもなりかねない
ともいえるかもしれません。

（試用期間中の指導票のサンプル）

令和　年　月　日

○○○○　殿

株式会社○○○○○
代表取締役　　○○○○

本採用に向けての課題について
　貴殿は現在、当社試用期間中であり、本採用の有無については、当社就業規則第○○条において、・・・・・・を判断して行うことと定められています。
　本日現在までの評価は以下のとおりです。引き続き、職務に精励してください。

以　上

事　項	現在の評価	課　題
健康状態	・この調子で頑張ってください ・改善に努めてください	
出勤の状況	・この調子で頑張ってください ・改善に努めてください	
勤務態度	・この調子で頑張ってください ・改善に努めてください	
勤務成績	・この調子で頑張ってください ・改善に努めてください	
全体の評価	・この調子で頑張ってください ・改善に努めてください	

　上記同日　内容について説明を受け、本書面を受領いたしました。

氏名　　　　　　　　　　　　印

Q4

就業規則って作成しないといけないものですか。

A4

法律上の義務がない場合でも、事業所主導で作成するべきです。

解決のポイント

　従業員を新しく雇う際、どういったことをどこまで説明しておくべきでしょうか。たとえば、何時が始業で、いつが休みで、給料がいくらかなど、事業所と従業員との間で共通認識ができていないと、「そんなことは聞いていない」などというトラブルになりかねません。**最初に説明した内容と、実際に働く内容が違っていた場合、従業員は即刻辞めることができる**と法律に定められていますので（労基法15条2項）、働く際の条件、すなわち労働条件をハッキリさせておくことは、お互いのためにとても大切なことといえます。

　そもそも**従業員の雇入時には労働条件を明示することは、法律上の義務**になっています。中でも法令に定められた最低限のことがらは、内容をまとめた書面を交付して明らかにしなければなりません（ただし、従業員が希望した場合には、自分で印刷できるものである限り、本人宛のメールやSNS等でも構いません）。これは事業所の規模にかかわらず、やらなければならないことなので（労基法15条1項）、「ウチは小さい会社だから、わからないことがあった

ら聞いてくれれば良いので、書面を作るとか大げさなことはいらない」などというわけにはいかないのです。

　法令で定められたことがらを漏れなく書き出した書面を作成すれば、大体の労働条件はハッキリするといえます。しかしそれは、あくまでも大体のことに過ぎません。どんな職場でも、働いてもらうからにはルールがあるはずで、ルールを守らない者には、罰を与える必要があり、あまりにもひどい場合には辞めてもらわなければならないこともあるでしょう。こういった細かいルールも、従業員に明らかにしておかなければ、「そんなことは聞いていない」というトラブルは、やっぱり出てきてしまうのです。こういった**職場のルールをひとまとめにしたものを就業規則といいます。**

　就業規則は、**常時10人以上の従業員を雇っている事業所では必ず作成した上で労基署に届け出なければなりません**（労基法89条）。この「常時10人」というのは、毎日10人いるかどうかではなくて、雇用契約が常態として続いていれば、正社員以外のパートや嘱託社員も含めて数えます。一方で、「働いている場所」ごとに数えるので、店舗や支店が複数ある場合は、それぞれで数えます。たとえば家族で社長、副社長、専務をやっていて、正社員3人、パート3人、定年後再雇用の嘱託1人という事業所では、働いている人たちは10人ですが、社長、副社長、専務は通常、「雇う側」なので、それでも雇われの身だといえる事情がある場合でもなければ、人数には含めません。

　では、法律上の作成義務がない場合には、就業規則など作成しなくても良いかというと、そうではありません。そもそも就業規則は職場のルールだからです。ルールは守ってもらわなければ意味がなく、守ってもらうためには、どういうルールがどのように定まっているかを従業員がいつでもわかるようにしておかなければなりません。「そんなことは常識の範囲内でやってもらったらいい」と思わ

れるかもしれません。しかし、世の中には色々な考え方を持ってい
る人がいるものです。私たちの常識が、新しく雇った従業員の常識
とは限らないのです。だからこそ、**「我が社のルール」として就業
規則を定めておくことは、法律上の作成義務があろうとなかろう
と、事業所にとってとても大事なこと**といえます。

応 用 の ポ イ ン ト

　従業員がどのような労働条件で働くかは、事業所との間の雇用契
約の内容によって定まることが原則です。なので、極端なことをい
うと、雇う都度に従業員と個別に話し合いをして、それぞれバラバ
ラの労働条件を定めることもできないわけではありません。

　しかし、同じような仕事をしてもらうのに、人によって労働条件
が違うということは、特に給料の多い少ないに関わってくると、不
公平感が生じてしまいますし、そもそも雇い入れの都度、労働条件
を個別に協議するということ自体、現実的ではありません。そのた
め、実際には、「我が社で働いてもらう場合には、どの人であって
もこの条件で」という、一律的な提示がなされることが一般的で
す。この**従業員に一律的な労働条件が、就業規則である**ということ
ができます。

　就業規則の内容は、雇用主が定めることができますので、労働条
件を定める主導権は、まずは雇い入れる側にあるということができ
ます。しかしだからといって、従業員が雇い主の言いなりにならな
いといけないかというと、もちろんそんなことはありません。従業
員には、労働者として労働組合を結成して、労働条件の改善を求め
て団体交渉をする権利があり、**団体交渉の結果、労働組合と雇用主
との間で、就業規則よりも有利な内容での約束事が取り交わされた**

場合には、そちらが優先します（労基法 92 条、労契法 13 条）。この労働組合との書面による合意を労働協約といいます。

　では労働組合がない場合には、どうなるでしょうか。最近ではむしろ、労働組合がない事業所の方が多いかもしれません。その場合でも、もし個別の労働契約で就業規則を上回る条件を定めたときには、そちらが優先します。逆に、個別の労働契約の条件が就業規則を下回るようであれば、就業規則の方が優先されます（労契法 12 条）。このことを就業規則が労働契約の最低基準となるという意味で、**就業規則の最低基準効**といいます。そんなことがあるのか、と思われるかもしれませんが、雇入時に労働条件を明示するためには、労働条件通知書という書類を使うことが一般的ですが、どこかから「ひな形」を持ってきて使うと、意図せず就業規則と矛盾が生じてしまうということがよくあります。もし、就業規則で従業員にとって厳しい条件を定めていたとしても、労働条件通知書の記載上、より有利な内容が書いてあれば、就業規則の定めは適用されなくなってしまうのです。「うっかりしていた」は全く通用しないので、**労働条件通知書は、就業規則の定めと矛盾しないように作成することがとても重要**です。

　ところで労働条件の最低基準を定めるものとしては、もともと労働基準法があります。就業規則が労働基準の最低基準を定めるものといっても、労働基準法などの法令からさらに下回って良いというはずがありません。また法令に定められていない事項であっても、たとえば「社長に絶対服従」のような、不合理な内容を定めていても、効力は認められません。そして、ルールがルールとして機能するためには、従業員にその内容が知らされていなければならないこともまた当然のことといえます。**就業規則は、法令に違反することなく、合理的な労働条件を定め、従業員に周知することではじめて、労働契約の内容として機能することになるのです**（労契法 7 条）。

　就業規則の効力をめぐっては、その内容が周知されていたかどうかということが、実務上、よく問題となります。周知の方法としては、**職場の見やすい場所への掲示、備え付け、書面の交付、従業員がいつでもアクセスして閲覧できるクラウドに保存する**などの方法によることがあり得ます（労基法106条）。万が一、従業員との間で就業規則が周知されていたかどうかが争いになった場合、具体的にどのような方法で周知していたかを立証する必要に迫られます。「職場に置いていました」と主張しても、「そんなことは知りませんでした」と言われてしまうと、「そんなはずはない」と立証することはとても難しいことです。なので、**就業規則は従業員にも交付しておき、労働条件通知書に就業規則を受領した旨の署名押印をしてもらうということが、一番手堅い方法**だということができます。

　時々、就業規則の複製を禁止していたり、管理職の人が持っておいて、申出があれば見せてあげるという運用をしているという例を見かけます。しかし、就業規則が周知されているといえるためには、従業員が知ろうと思えばいつでも、その存在や内容を知り得るようにしておくことが必要であるというのが実務上の一般的な解釈です（平成24年8月10日基発0810第2号）。もし、従業員がその存在や内容を知ることができるようにしていたとしても、そのためにあえて手間がかかるような運用をしてしまうと、就業規則の内容を隠しているのではないかと疑われてしまい、最悪の場合、そんな状態では周知できていないとの評価を受けてしまうことさえあります。就業規則の内容を知った従業員から、余計な主張をされてしまいかねない、ということを心配しておられるのかもしれませんが、法律に定められた権利行使はどうあっても認めざるを得ません。むしろ余計な主張をされてしまいかねない就業規則を作ってしまうことそれ自体が問題であり、**従業員にきちんと働いてもらうためのルールブックとしての就業規則であれば、むしろ積極的に従業員に対**

して交付しておく方が、雇用主にとってもメリットがあるといえます。

　とはいえ、就業規則の本来の目的は、労働条件の最低基準を定めるものですから、きちんと働いてもらうためにという観点からは必要ないと思われる事項であっても、労働条件の最低基準を定めるために必要な事項は、就業規則に明記しなければなりません。就業規則に必ず記載しなければいけない事項と、そういう制度を置くかどうか自体は任意だけれども、置く以上は必ず記載しなければいけない事項については、法律に定めがあります（労基法 89 条）。

　これらの事項を漏れなく記載するためのサンプルとして、厚生労働省が「モデル就業規則」というものを提供しています。しかしこれは、あくまでも必ず記載しなければいけない事項に漏れがないようにするためのもので、従業員にきちんと働いてもらうためのルー

絶対的必要記載事項（必ず記載しなければならない事項）
始業及び終業の時刻、休憩時間、休日、休暇並びに交替制の場合には就業時転換に関する事項
賃金の決定、計算及び支払の方法、賃金の締切及び支払の時期並びに昇給に関する事項
退職に関する事項（解雇の事由を含む）
相対的必要記載事項（定めをする場合には必ず記載しなければならない事項）
退職手当に関する事項
臨時の賃金（賞与）、最低賃金額に関する事項
食費、作業用品などの負担に関する事項
安全衛生に関する事項
職業訓練に関する事項
災害補償、業務外の傷病扶助に関する事項
表彰、制裁に関する事項
その他全労働者に適用される事項
就業規則に定めても効力がない事項
法令や労働協約に違反する事項（労基法９２条）
合理的な労働条件と認められない事項（労契法７条本文）
労働者に周知されていない事項（同上）
労働契約により、従業員にとって、より有利な条件を定めた事項（労契法７条但書、同 12 条）

ルブックとして十分かというと、そうではありません。たとえば、給料については「昇給」に関する事項を定めることが義務付けられており、モデル就業規則でも「昇給」に関する定めが置かれています。もしこれをそのまま使うと、従業員の給料は「昇給」することはあっても「降給」することはない、ということになってしまいます。過去の裁判例では、就業規則の定め方が良くなかったために、雇用主に不利な判断がなされたという例がたくさんあります。その逆に、就業規則の定めがあることを根拠にして、それに反する従業員の主張が認められなかったという例もやはりたくさんあります。就業規則は、法令の定めはもちろん、こうした裁判例の傾向も十分に理解した上で、専門家のアドバイスを受けながら、思わぬトラブルを防止するためのものとして作成されなければなりません。

実 例 で チェック

　Y社は化学プラント等の設計・施工業を営む会社であり、Xはその従業員として、設計業務に従事していました。ところがXに対しては、得意先から対応が悪いというクレームが相次いでおり、それが原因でトラブルにも発展していた上、上司が注意指導をしても、かえって反抗的な態度をとるばかりで、一向に反省がありませんでした。そのためY社は、就業規則の定めに基づいて、Xを懲戒解雇しようと考えるようになりました。

　ところが、Y社の就業規則は、Xにこれらの問題行動があった当時、Xが勤務していた事業所に備え付けられておらず、X自身、その内容を知りませんでした。そこでY社は、Xによるこれらの問題行動があった後に就業規則を改定して、あらためてXが勤務していた事業所にも備え付けた上、ほどなくこの就業規則に基づいて、X

を懲戒解雇としました（参考裁判例：最判平成 15 年 10 月 10 日労働判例 861 号 5 頁［フジ興産事件］）。

　このようなケースの場合、実際に X に問題行動があって、注意指導を繰り返しても、反抗するばかりで態度が改まらないということであれば、事業所としては、懲戒解雇やむなしと考えることも十分あり得ると思います。しかし、**懲戒解雇は従業員に対する制裁であり、そういう制裁をするという制度を置くのであれば、相対的必要的記載事項として、就業規則に必ず記載しなければなりません**（労基法 89 条 9 号）。その内容も、単に「懲戒があり得る」と定めるだけでは足りず、**懲戒の種別及び事由を定めておかなければならないとするのが判例**の立場です（最判昭和 54 年 10 月 30 日労働判例 329 号 12 頁［国鉄札幌運転区事件］）。

　X に問題行動があったとしても、それを理由に懲戒解雇とするためには、X の問題行動が懲戒解雇事由にあたることを具体的に定めた就業規則があり、実際にその効力が生じていなければなりません。ところが X に問題行動があった当時、就業規則は X が勤務していた事業所には備え付けられていなかったというのですから、就業規則が労働契約の内容となって X に対して効力を有するための「周知」がなされていたといえるかどうかが問題となってしまいます。

　就業規則の周知のためには、「就業規則」というラベルを貼ったファイルにとじて、従業員が自由に出入りして、手にとって閲覧できる場所に備え置くという方法がよく利用されています。そのため、備え置きがあったかどうかが問題となることがよくありますが、周知の方法はこれに限られるわけではなく、従業員に個別に交付したり、社内 LAN の共有フォルダに配置しておくなど、要するに従業員が知ろうと思えば、いつでもその存在や内容を知りうることができていれば足ります。それゆえ、事業所に備え置かれていないということだけで、就業規則の周知がなされていないということ

にはなりません。しかし、事業所に備え置く以外の他の方法で、Xの知り得る状態にしていなかったのであれば、周知ができていないということになってしまいます。

　今回のケースのように、周知の方法が事業所での備え置き以外にない場合には、問題行動があった後に周知をしたところで、遡ってその内容をXに適用させるというわけにはいきません。もしそんなことが認められるのであれば、当時は問題ではなかった事柄も、後から懲戒事由に付け加えることさえできてしまうことになるからです。そうすると、Xの問題行動があった当時には、就業規則の周知ができていない以上、懲戒解雇についての定めもXとY社との間の労働契約の内容にはならないということになります。その結果、実際にXに問題行動があったとしても、Y社には、Xを懲戒解雇とするために必須となる就業規則上の根拠がないということになってしまうのです。

　懲戒処分を下す場合が典型的なように、雇用主が従業員に対して、何らかの措置を講じようとするためには、就業規則上の根拠が必要となる場合があります。そもそも就業規則自体が定められていないという事業所では、懲戒処分を行うこと自体ができないということになってしまいます。また就業規則に定めがあったとしても、それが周知されていないのであれば、労働契約の内容とならないのですから、雇用主はやはり、従業員に対して就業規則を根拠にした措置を講ずることができなくなってしまいます。**就業規則は、従業員にきちんと働いてもらうために必要な事項を漏れなく定め、定めた以上はしっかり周知をするということが必要不可欠なのです。**

第 **2** 章

賃金
~働きに見合った給料は払うけれど~

Q5 働きぶりが悪い従業員の給料を下げたいのですが、どの程度であれば許されますか。

A5 就業規則等の根拠がないと、そもそも従業員の同意なしに給料の減額は全くできません。

解決のポイント

　空前の人材不足といわれている昨今、雇用主の皆さまにおかれては、世間並の条件では良い人材がなかなか集まらないことから、思い切って奮発した給料の条件で「これは！」と思う人材を採用された、というご経験をお持ちではないでしょうか。特に即戦力が欲しくて経験者を中途採用する場合には、採用当初から中堅従業員以上の待遇を持って迎えるということもあると思います。

　ところが即戦力となることを期待して中途採用したものの、思ったほどのパフォーマンスを上げてもらえず、どうかすると伸びしろがある分だけ、新人の方がまだ見込みがあるということも少なくありません。こうしたミスマッチは、大手企業経験者であったり、今欲しい経験があるという職務経歴に飛びついてしまった結果、起こりがちであるといえます。こうした経歴が詐称であれば問題ですが、経歴は経歴に過ぎず、実際に良好な業務成績を上げていたのかどうかとは全く別問題です。**形式的に履歴書どおりの経歴をたどっている人物であれば、能力が足りていなかったとしても、それゆえに経歴詐称ということはできないのです。**

　破格の好待遇で雇ったにもかかわらず、期待通りのパフォーマンスを発揮してくれない従業員に対しては、給料分の働きぶりが見られないので、相応な額まで給料を下げたい、という考えをお持ちになる雇用主の方もいるかもしれません。しかし、その「期待」なるものは、雇い入れ時に具体的な形で示されていたでしょうか。

　たとえば、何がどこまで達成できれば、この給料を維持したり、さらには昇給もあるかもしれないが、それがどの程度までどう未達であれば、給料はここまで下げさせてもらう、などという合意をしていたのであれば、「約束どおり、給料は下げさせてもらう」という話も成り立つ場合があり得ます。逃げられては困ると思っている人材に、そんな強気の話をすることなど、普通は考えられないでしょう。

　給料がいくらになるか、ということは、従業員にとって一番の関心事です。この額で働いてもらう、と契約したのであれば、それは従業員との約束事になるのですから、一方的に破棄することはできません。「こういう場合には給料を下げる」ということは、当初の約束の内容を変更しようということに他ならないのですから、雇用主の判断でそのようにしたいのであれば、契約によってそうできることを定めておかなければならないということになります。契約は契約なのですから、守られなければならず、雇用主が従業員の同意がないのに、契約上の根拠なしに一方的に引き下げることはできません（労契法8条、9条）。たとえ**働きぶりが悪くとも、給料を下げる場合があることが具体的な基準と一緒にあらかじめ定められていなければ、従業員の同意なしに給料を下げること自体ができない**のです。

応用のポイント

　従業員を雇い入れるときには、主立った労働条件を明示しなければなりません。給料の決定、計算、支払いの方法も、当然、明示すべき事項に含まれています（労基法15条、労規則5条）。ほとんどの場合、雇入時の給料の額はここで示されていますが、その後、この額がどういう基準でどのように変動していくかについてまで、細かく定めることはまずないといえるでしょう。労働条件通知書は、厚労省によって「ひな形」が提供されていますが、そこで示されている給料の変更の可能性は、いつごろ、どの程度まで「昇給」する可能性があるかどうか、というものにとどまっています。

　就業規則についても、厚労省が提供している「モデル就業規則」というものがありますが、そこでも給料の「昇給」の定めだけが置かれており、「降給」の定めは置かれていません。**もし、「昇給」の定めだけを置くという就業規則を作ってしまうと、これに基づく労働契約では、給料は「上がることはあっても、下がることはない」という内容になってしまい、あたかも給料を下げない約束があったかのようになってしまうことに要注意**です。

　もっとも、これから我が社で働こうという人に対して、「ここまで頑張ってくれれば、給料は上がっていくから」ということは説明しても、「頑張りが足りなければ、給料は下げる」ということを最初から説明するということは、現実的な方法とはいえません。かといって、今の時代、年功序列・終身雇用が絶対ではないので、ずっと働き続けていれば、給料は上がっていく一方というようなものでもありません。そのため、**給料の決定については、上がるか下がるかの二者択一ではなく、「上がることもあれば、下がることもある」と理解するのが現実的**であるといえます。

　とはいえ、社長の気分次第で給料が上がったり下がったりするような職場では、誰も働きたくありません。最低限、客観的な根拠を伴って査定を行い、その結果に従って、給料の上げ下げが行われることが制度として確立されていなければ、従業員の納得感が得られません。その結果、人材の定着率が低く、良い人材も集まらないという悪循環に陥ってしまいます。従業員の働きぶりを反映した賃金体系を作るということそれ自体は、間違っているとはいえません。問題は、その働きぶりを反映する仕組みが合理的なものといえるかどうかにかかっています。多くの事業所では、年に1～2回程度、従業員の給料を定めるための査定が行われていますが、どのような手順で行うか、何を基準とするか、査定の結果、どのように給料が変動し得るかといったことがらが、どこにも何も定められていないとあっては、結局、社長の気分次第で給料が上がったり下がったりしているのと変わりありません。そういう批判を受けないためには、こうした査定が行われることが労働契約の内容となっていることが必要不可欠であり、多くの場合は**就業規則やその細則としての賃金規程等で、査定制度の内容を明示する**という方法が現実的といえます。

　査定の仕組みが就業規則等で何も定められておらず、労働契約の内容となっていない場合、従業員の給料を雇用主が変更するということ自体、契約上の根拠がないということになります。契約上の根拠がないことを一方の当事者が他方の当事者に押しつけることができないのは、とても当たり前のことです。しかも、たとえ就業規則で定めたとしても、その内容が合理的なものでない場合には、労働契約の内容とはなり得ません（労契法7条）。結局、社長の気分次第、といわれるような制度であっては、合理的なものとは認められませんし、**最低限、査定の手続、評価の項目、これによって変動する給料の内容を明確に定めることが必要不可欠で、なおかつ実際の**

運用も、事実を正しく評価に反映し、不当な動機をもって行われることがないようにしなければなりません。

　就業規則等で査定の仕組みを定めておいて、その査定の仕組みに基づいて「働きぶり」を評価した結果、制度上、給料が下がることになる、という経過をたどるのであれば、「働きぶりが悪い従業員の給料を下げる」ということ自体は可能となり得ます。とはいえ、その幅があまりにも大きいと、そういう査定自体が不合理であるとの評価を受けかねません。たとえば「来月から給料半額だ」というのは、いかにも極端であるといえるでしょう。どこまでならば問題ないか、ということについては明確な定めはありませんが、**額面総額が10％を超えて下がるようであれば、下げすぎである**との評価を受けるリスクが高いといえます。

　というのも、懲戒にあたるような不始末をして、罰として行う減給についてでさえ、1回あたり、平均賃金1日分の半額を超えてはならず、かつ、賃金総額の10分の1を超えてはならないと定められており（労基法91条）、今後、ふたたび給料の改定がない限り、従前と比較して、恒常的に毎月10％ずつの減収になるということは、これとの比較でもかなり大きな給料変動であるといえるためです。**10％を超えての降給が絶対にダメだとまではいえませんが、従業員のモチベーション維持の観点から考えても、このあたりが限界ラインと考えるのが妥当**であるといえます。

　なお、働きぶりの問題で、これまで任せていた役職を解くという降格人事が行われることもあり得ます。**従前の役職に役職手当が紐付いていた場合には、役職を解かれたことによって、当然、この役職手当も支払われないということになります。**このこと自体は、降格人事自体が不当なものとの評価を受けない限り、一般的には妥当なものと考えられています。これによって、事実上、給料の減額が行われることとなりますが、さらに重ねて基本給部分についても減

額することができるかというと、慎重な対応が必要になります。

　たとえば、役職ごとに基本給の幅が異なっており、従来の基本給の額が降格後の役職者に支払われることとされている額を上回っているような場合には、役職手当だけでなく、基本給の額もさらに減額するということが考えられます。しかし、役職手当分の支給がなされなくなることで、その従業員の収入はすでに相当に減少し、それだけですでに額面総額10％を超えて減額となっていることもあるとも見込まれます。それにもかかわらず、さらに基本給を減額するとなると、もし裁判所まで持ち込まれれば、社会通念上相当な限度を超えているとの評価を受けて、減額無効との判断がなされる可能性もあり得ます。**役職手当が支給されなくなった結果、額面総額10％を超えて減額となった際には、よほどの事情が説明できない限り、重ねて基本給まで減額することは避けた方が、法律的にも従業員のモチベーション維持の観点からも、無難であるといえます。**

実例でチェック

　Y社では、7つの役割グレードに基づく「役割報酬」と、前年度の査定期間中の実績に応じて支給される「成果報酬」とを合わせた額を年俸として支払うという制度が採用されていました。その内容は、Y社の就業規則の細則としての年俸規程によって定められ、周知もされていました。

　Xは、この制度に基づいて、役割報酬550万円、成果報酬90万円の合計640万円の年俸との条件にて働いていましたが、妊娠出産をすることになったことから、産休及び育児休業を取得してしばらく休業をしました。

　その後、Xは復職をしましたが、Y社はその後の査定において、

Xの役割グレードを引き下げ、年俸規程に基づき、役割報酬を500万円と改定するとともに、産休前に見るべき成果がなく、その後の繁忙期も経験していないことなどを理由にして、成果報酬もゼロと査定しました。その結果、規程によれば、Xの年俸は500万円と改められることとなりましたが、激変緩和の趣旨で、20万円を加算した520万円が、査定に基づく改定額として定められました。このような賃金減額は有効なものとして認められるでしょうか（参考裁判例：東京高判平成23年12月27日労働判例1042号15頁［コナミデジタルエンタテインメント事件］）。

　この事例の場合、従業員の給料は年俸規程によって決まることが就業規則によって定められており、周知も行われていることから、年俸規程によって給料の変動があり得ることそれ自体は、XとY社の労働契約の内容になっていたということができます。そしてY社の仕組みでは、役割グレードが変われば、役割報酬も変わることから、上位のグレードから下位のグレードに変更されれば、当然、給与の減額もあり得ることが前提となっていたということができます。また成果報酬についても、良好な成果を上げられなかった場合には、ゼロとなることもあり得たということができます。そうすると、**Y社が就業規則の根拠に基づいて行った査定である以上、こうした給料の減額も認められ**そうにも思えます。

　しかし、どうしてXは役割グレードを下げられなければならなかったのでしょうか。また、産休前に見るべき成果がないということは、どういう基準で判断されたのでしょうか。さらには、産休及び育児休業に入ったことで、繁忙期を経験しないことは当然のことであり、それゆえに成果がなかったと考えても良いものなのでしょうか。

　実はこのY社では、**役割グレードを下げるべき場合について、具体的な定めが置かれておらず、産休前に見るべき成果があったかど**

うかの判断基準についても、**客観的な物差しが乏しかったので**、Ｘとの間で見解の相違が見られました。役職と給料が紐付けされている場合、役職を解いたことでその分の給料の変動が生じることは当然ですが、役職を解くこと自体に合理的な説明が付かなければ、**結局、明確な理由や根拠なしに、給料を下げたのと同じことになって**しまいます。また、「成果を査定した」とはいっても、雇用主側でどうとでも評価できるようなものであっては、基準がないのも同じだといわれても仕方ありません。特に産休及び育児休業を取得したことによって、給料の査定上、不利益な取扱いをすることは法律で禁止されており（男女雇用機会均等法９条３項）、産休及び育児休業「期間中」の「成果がない」ことを給与の減額の根拠とすることは、認められないといえます。

　労働契約の内容として、給料の減額があり得ることの定めがない場合は、そもそも給料の減額自体、行うことができません。そのため、就業規則や賃金規程などで査定の仕組みを定め、給料の減額があり得ることを明示しておくことが必要不可欠となりますが、たとえ査定の仕組みが定められていても、その評価が合理性を欠いている場合には、その定めはもはや労働契約の内容にはなりません。そうなると結局、給料を減額するための根拠がないということになってしまいます。

　今回の事例では、**給料と連動する役割グレードの変動が、どのような場合にどこまで行われるのかが明確に定められていなかったこと**が問題となり、役割グレードを変動させること自体、Ｘの同意なしにＹ社が一方的に行えるものではないと判断されました。そして**成果報酬についても、産休及び育児休業を取得して休んでいる期間の成果を問題にすることで、こうした休業を取得したことを理由にした不利益取扱であると**裁判所によって受け止められてしまいました。評価が不合理であって、査定を根拠にした給料の減額も認めら

れないとの判断がなされました。

　なおこの事例では、規程どおりの査定を仮に行えば、X の年俸は 640 万円から 500 万円にまで下がることとなっていました。そうなると 30％近くの減額になってしまいます。このように、あまりに影響が大きい場合には、減額の幅を緩やかにするという工夫をすることが合理性を確保するための一つの方法となり得ます。とはいえ、今回の事例のように改定後の額を 520 万円としても、20％以上の減額となります。この事例では、額以前の問題として、評価自体が不合理との判断がなされましたが、仮に評価自体は一応合理的であったとしても、減額の幅が大きすぎるとされた可能性も残ります。

Q6 パートやアルバイトにも、賞与や退職金は支給しないといけないのでしょうか。

A6 パートやアルバイトだからという理由だけでは、支給しない根拠にはなりません。

解決のポイント

　パートやアルバイトは、正社員と違って、働く日や時間帯が限られていて、いざというときにも「それは社員さんで対応してください」などと、責任の持ち方の程度が違っていることが多いと思います。そのため、正社員よりも給与水準が比較的低く、賞与もない、退職金なんて考えたこともない、という例がほとんどではないでしょうか。

　では、働く日も時間帯も、やってもらっている仕事も、あまり正社員と違いはないけれど、契約期間が定まっているという、いわゆる契約社員の場合はどうでしょうか。パートやアルバイトと違って、契約社員には賞与を支給していると事業所も少なくないと思います。ですが、契約社員に賞与を支給している事業所でも、金額面で正社員と差をつけていたり、退職金までは支払っていないということが一般的でしょう。

　こうした区別があるのは、結局、正社員とそれ以外の従業員とでは、働いている「内容」が違っているという意識がどこかにあるからです。裏を返せば、同じように働いているのであれば、待遇を区

別する合理的な根拠がありません。**パートやアルバイト、契約社員といった、契約方法の違いがあったとしても、働いている内容が同じならば、同じ待遇をしないと不公平**というものです。

　もし、パートやアルバイト又は契約社員から、「なぜ私にはボーナスが出ないのですか？」と尋ねられたときに、「それはあなたがパートだからです」というだけしか理由がないのであれば、文句をいわれても当然です。**待遇の違いを設けるからには、仕事の内容、責任の程度など、働く内容そのものが何かしら違っていて、しかもその違いこそが、賞与なり退職金なりを支給するかどうかの違いの根拠となる、ということが説明できなければならない**というわけです。この説明ができないようであれば、パートやアルバイト又は契約社員だからといって、正社員にだけ特別な給料や手当を支給するということは、事情によってはもらえなかった分だけの損害賠償請求を受けてしまうことになります。「支払わなくて当たり前」では通用しません。「こういう理由だから払わない」という説明ができるようにしておくことが重要です。

応用のポイント

　事業を営むにあたって、最初から「終わり」を考えるということはまずありません。ですから従業員も本来、ずっと長く働いてもらうことが原則で、定年になるまでしっかり働いてもらうというのが、我が国の原則的な雇用の方法でした。働く日や時間帯が限られているパートやアルバイトであったり、働く期間が限られている契約社員は、こうした雇用のあり方からするとイレギュラーなので、正社員に対して「非正規」社員であるなどと呼ばれています。

　ところが最近の実態をみてみると、全体の40％近くが非正規と

して働いているという統計上の数字が出ています。非正規はもはやイレギュラーな働き方ではなく、働き方の一つのスタイルとして、定着しているというのが現実です。

このように、現在の日本社会では、非正規で働くことも一つの働き方として定着しているのですが、同時に「非正規」という呼び方も定着してしまいました。パートやアルバイトなどを非正規と呼ぶのは、正社員で働くことが原則だった時代の名残りというだけなのですが、どうにもその言葉の響きから、「正社員に非ざる働き手」という印象が先走ってしまい、「正社員と違う待遇になるのは当然」という意識もなんとなく定着しています。

しかし、パートやアルバイトだと、なぜ正社員と違う待遇になって当然なのか、よくよく考えてみるといかがでしょうか。「当然なんだから、当然だ」というのでは、ただの開き直りになってしまいます。もし、「社員さんと同じように働いているのに、アルバイトにはボーナスが出ないのは、どうしてですか？」と質問されたときの答えがないようであれば、そういう待遇差を設けた雇い主の方が悪いということになります。

実は**正社員と非正規社員とで、不合理な待遇差を設けてはいけないということは、法律できちんと決まっています**。これを**均等・均衡待遇**の原則といい、特に給料の面だけに注目するときには、**同一労働・同一賃金**の原則ともいいます（短時間労働者及び有期雇用労働者の雇用管理の改善等に関する法律（いわゆる「パートタイム・有期雇用労働法」）8条）。ただし、この「同一労働」の意味はそう単純ではありません。

たとえばコンビニで店員として働く人を考えてみましょう。正社員であっても、アルバイトであっても、同じように接客をして、棚に足りないものがあれば補充をして、店舗によっては在庫管理もやっているかもしれません。こうした目に見える仕事だけを考えれ

ば、「同一労働」なのではないか、とも思えます。しかし、シフトに穴が開いたり、面倒なお客様の対応をしたり、本部からの諸々の指示への直接的な対応にあたったり、店舗自体の営業ノルマを課されたりなど、正社員にはアルバイトにない責任の重さというものがあり得ます。同一労働かどうかは、身体を動かして行っている仕事が同じかどうかだけではなく、それに伴う責任の程度も考慮して考えなければなりません。

　では同じ仕事内容、同じ責任であれば、もうそれは同一労働だということになるのでしょうか。実はこれもそうとは限りません。たとえば、今は同じであったとしても、正社員であれば、将来的には昇格をして重い責任を担ってもらわなければならないかもしれませんし、そこそこの規模がある事業所であれば、転勤もあり得るかもしれません。また、正社員として長年の経験を積んだ従業員と、1年毎に更新するかどうかを判断して、最大でもせいぜい5年までしか雇用をしない予定の契約社員とでは、手に付いている能力の程度も違っていて当然です。

　正社員と非正規社員との間で待遇差を設ける場合は、現在の仕事内容や、責任の程度がどれだけ違っているか、将来的に仕事内容や配置の変更の範囲がどれだけ変動するか等、単に「契約形式が違う」というだけではない「中身が違っている」といえるだけの事情があるからこそ、そういう待遇差があるのだといえることが必要です。そして、そういう待遇差を設けること自体が不適切だと判断されたり、待遇差を設けること自体はあり得ても、それでは違いを設ける理由にならない、ということであってはならないといえます。

　賞与や退職金と一口に言っても、なぜ支給するのかというと、その趣旨は事業所によってまちまちです。たとえば、単に「ご苦労様」というだけの趣旨であれば、正社員と非正規社員も相応に頑張って働いているのですから、程度の違いで差を設けることはあり得

ても、非正規社員に全くゼロで良いということにはならないでしょう。一方で、「定年まで色々な仕事を経験してもらって、いずれは我が社を支えてもらうための動機付け」という趣旨であれば、正社員にだけ、こういった賞与や退職金の制度を置くということも、あり得ないとはいえません。

　このように、給料の費目によって、パートやアルバイト等にも支給しなければならないかどうかがピタリと区別されるわけではありません。事業所としては、もし「なぜ私には、ボーナスや退職金がないのですか」と質問を受けたときに、「パートだから」などといった、契約形式が違うからというものではなく、仕事内容、責任の程度等、「正社員とは働きが違う」という説明を合理的にできるかどうかによって、待遇差を設けることが許されるかどうかが決まってくると考えていただく必要があります。

　なお、もし待遇差が不合理と判断された場合でも、契約内容が変更されてしまうわけではありません。**賃金差が不合理だと判断された場合には、その差額分が損害となって、賠償の対象となります。**そうすると、そういう賠償請求をしてきた人との間だけの問題だということになりそうですが、次から次へと同じような裁判を起こさ

正社員と非正規社員との待遇差についての目安

支給の根拠	支給をしないことの当否	対象となり得る賃金・手当等の例
特定の作業・行動に対する手当	同じ作業・行動をする限り、支給しないのは不合理とされやすい	精勤手当、時間外手当、無事故手当、作業手当、給食手当、通勤手当など
人材定着のためのインセンティブ	基幹的な職務を担わせていたり、昇格・転動等、有用な人材として活用している場合には、不合理とされる可能性がある	賞与、退職金、休職時の手当など
生活上の負担を補助するもの	長期雇用を前提としない限り、合理的と判断されやすい	住宅手当、家族手当など
職責に対して支給するもの	正社員と同等の職責を伴わない限り、合理的と判断されやすい	役職手当、職務給、基本給の差など

れては、かえって対応が大変です。法律上の理屈は個々の従業員との問題となるものであったとしても、改めなければならないとの判断が下った場合には、制度のあり方そのものを見直すことが、長い目でみたときには、事業所全体のためになるといえます。

実例でチェック

　A社では、正社員に対して、年２回の賞与（年4.6ヶ月分）が支給されていましたが、アルバイトで働いている従業員に対しては、賞与は全く支払われないこととされていました。アルバイト事務職として働いていたＸＡは、同じ事務職なのに、正社員には賞与が支払われて、アルバイトである自分には賞与が支払われないのはおかしいと考えて、正社員と同程度の比率で考えればもらえたはずの賞与相当額を支払って欲しいと裁判所へ訴え出ました（参考裁判例：最判令和２年10月13日労働判例1229号77頁［大阪医科薬科大学事件］）。

　また別のB社では、正社員に対しては、退職金が支払われることとなっていましたが、契約社員には退職金を支払うという制度自体が置かれていませんでした。売店業務にあたる契約社員として働いていたＸＢは、同じ売店勤務なのに、正社員には退職金が支払われて、契約社員である自分には退職金が支払われないのはおかしいと考えて、正社員と同じ計算方法であればもらえたはずの退職金相当額を支払って欲しいと裁判所に訴え出ました（参考裁判例：最判令和２年10月13日労働判例1229号90頁［メトロコマース事件］）。

　このどちらのケースでも、なぜ正社員でなければ、賞与や退職金が支給されないのか、契約形式が違うという以外に、すぐには説明がつきにくいといえます。**「あなたは正社員じゃないんだから、賞**

与や退職金が出ないのは、当たり前でしょう」という話は、およそ
通用しません。

　ではこのどちらのケースでも、賞与や退職金は正社員と同じよう
に支払われなければならなかったのでしょうか。まず考えるべきな
のは、これらの事業所で、賞与や退職金がどういう理由で支払われ
ていたのか、ということです。たとえば賞与は、一般的には、それ
までの間働いたことへの功労に報いたり、まとまった金額を支給す
ることで、今後のモチベーションを高めようという目的があるとい
えるでしょう。退職金についても、これまで働いてきたことの功労
という性格があるでしょうし、年々積み立てていた金額を退職時に
まとめて支払う、いわば後払いの給与だとする説明もよくなされま
す。もし、こういう説明だけをするのであれば、正社員だけに当て
はまることではなく、アルバイトや契約社員にも、賞与や退職金を
支払う趣旨が当てはまるということになりそうです。

　しかし最近では、正社員であっても、賞与や退職金がないという
事業所も珍しくはありません。そういう制度がなかったり、あった
としても額が少ない事業所では、より良い人材の確保や定着にも苦
労があると思います。裏返せば、賞与や退職金は、より良い人材を
確保して長期にわたって定着してもらうという目的もあるものとも
いえます。この側面を強調すれば、**中核的な人材としての活用が予
定されていないアルバイトや、長期にわたって定着することを想定
していない契約社員には、賞与や退職金を支払う目的が乏しいとい
う評価も成り立ち得ます。**

　そうはいっても、実際に行っている仕事の内容が正社員と同じで
あれば、事業所はアルバイトや契約社員であろうと正社員であろう
と、同じように重要な戦力として扱っていることに他なりません
し、心の中では、できれば長い間働いて欲しいと思っていることで
しょう。**現に便利に使っておきながら、形式的な契約方法の違いだ**

けで、正社員よりも安くで働かせようというのは、いかにも道理が通りません。形式的に契約方法が違っていても、実質的な仕事の中身が正社員と同じならば、賞与や退職金を支給する趣旨も同じように当てはまるといえるでしょう。

　冒頭の例のアルバイト事務職だったＸＡは、「同じ事務職なのに」と主張しました。しかし、一口に事務職といっても、定型的に行える作業から、自分自身の判断でより良い対応方法を決定しながら進めることが必須となる専門的な業務まで、その質も量もまちまちです。もし、アルバイト事務職は定型的に行える作業だけが仕事内容だったのに、正社員はそれだけでなくて、自分自身の判断でより良い対応方法を決定しながら進めることが必須となる専門的な業務にも相当に従事していた、というのであれば、仕事の内容自体が同じであるとはいえないでしょう。

　一方で、売店勤務をしていた契約社員ＸＢについていえば、「店舗で商品を売る」という仕事それ自体については、正社員と何も違いはなかったといえるでしょう。しかし、急にシフトに穴が開いたときやトラブル発生時の対応、売上向上、商品管理など、責任面では正社員が担っているという場合もあり得ます。こういう場合には、責任の程度が違っているといえるでしょう。

　実際の事例では、高裁まででではどちらも不合理な待遇差であると判断されていましたが、最高裁では、アルバイト事務職であったＸＡに賞与が支払われないことも、契約社員であったＸＢに退職金が支払われないことも、どちらも不合理な待遇差にはあたらないと判断されました。

　このように、まず違いが生じている待遇について、どういう目的でこれが設けられているのかという制度の趣旨を考えて、それが正社員にだけしか当てはまらないものであれば、非正規社員にはそういう待遇を全く設けないということもあり得ます。しかし、程度の

違いはあっても、趣旨そのものは当てはまるというのであれば、待遇差も程度の違いであるべきで、全くゼロというのはおかしいということになります。

　待遇の趣旨が、正社員にしか当てはまらないものである場合でも、実際に正社員と同じように働かせているのであれば、結局、契約方式が違うから、という理由だけで差を設けていることになるので、その取扱いは合理的とはいえません。とはいえ、「同じように働かせている」といえるかどうかは、仕事の中身をよく観察して判断する必要があります。**同じ職種であっても、仕事の内容自体が同じとはいえないこともありますし、仕事の中身が同じように見えても、責任の程度が違うこともあり得ます。**

　さらには、今は同じであっても、将来的には仕事の内容や責任の程度も変わっていくこともあります。細かく分析して考えると、**正社員と非正規社員とでは、「全く同じように働いている」とはいえない場合が少なくありません。**待遇差を設ける場合には、それぞれが行っている仕事の何がどう違っているのか、またその違いがどうしてこの待遇差につながるのかを説明できなければなりませんし、逆にそういう説明ができるのであれば、待遇差を設けることも可能ということになります。

Q7 給料を銀行振込で支払う場合、振込手数料を差し引きしてもいいですか。

A7 差し引いた分だけ給料未払だと主張される可能性があるので、差し引くべきではありません。

解決のポイント

　給料がどういう方法で支払われるかというと、ほとんどの人が銀行振込だと考えるのではないでしょうか。もし、現金手渡しで給料が支払われている、という話しを聞くと、「今どき？」と思う人も少なくないはずです。公共料金やクレジットなど、銀行口座からの引き落としがあるので、現金でもらったとしても、どのみち引落口座へ入金しなければならないので、かえって迷惑だということもあるかもしれません。

　給料を支払う側からしても、給料日に従業員全員分の現金を用意して、1円単位まで小銭をきっちり合わせて、一人ずつ、間違えないように給料袋に詰めるという作業が毎月あるのですから、銀行振込で給料を支払うことのメリットは大きいといえます。

　このように、**給料を銀行振込で支払うことは、働く側も雇う側も、双方にメリットがある**といえます。なので給料を銀行振込でする、ということ自体で問題が出ることはほとんどないのですが、振込手数料が毎月かかるとなると別問題です。雇う側からすると、会社の取引銀行に給与受取口座を指定してもらえれば、振込手数料が

かからないので、是非、そうして欲しいところです。しかし、働く側からすると、会社の取引銀行が自分の生活口座のある銀行とは限りませんし、生活圏にＡＴＭがない銀行で給料を受け取ることになると、とても不便です。

　雇用主としては、取引銀行に給料の受取口座を統一したいところなので、そうして欲しいと従業員に依頼すること自体は何も問題ありません。しかし、**従業員がどうしても別の銀行で、というのであれば、断ることはできません。** もし、断ることができるのであれば、会社指定の銀行以外の口座を指定しているので、給料を支払わない、という場面も出てきますが、そんなことが許されないのはいうまでもないことです。

　そこで、取引銀行を受取口座としてくれればありがたいけれど、どうしてもというのなら、従業員の方で別の銀行の口座を指定してくれてもいい。その代わり、振込手数料は負担してくださいね、という考え方が出てくるのもよくわかります。ですがこれは、裏を返せば、振込手数料を負担するのが嫌なら、取引銀行を受取口座に指定するようにという、いわば間接的なプレッシャーをかけていることに他なりません。**雇用主の取引銀行を給料の受取口座として指定することを強制できない以上は、間接的なプレッシャーであっても、やはり問題であるということになるでしょう。** 給料の銀行振込時に際してかかった手数料を差し引くことは、良くないということになります。

　振込手数料分を給料から差し引くことが良くないということであれば、実際に差し引いてしまった分だけ、給料が支払われていない、ということになります。給料不払は、それ自体が法違反になり、事情によっては罰則の対象ともなり得ますので（労基法120条1項1号、同24条）、万が一のリスク回避のために、銀行振込時に要する振込手数料は、給料から差し引かないようにすべきです。ど

うしてもということであれば、取引銀行を給料の受取口座としてくれる人だけを採用する、という方法もあり得ますが、そこにこだわって優秀な人材を逃がしてしまうことは、いかにも本末転倒です。

応用のポイント

　給料の銀行振込手数料を差し引くことができるかどうかという問題は、結局、給料を支払うのに要する費用は、給料を支払う側か、受け取る側か、どちらが負担すべきかという問題です。給料の支払いは、事業主にとっては義務であり、従業員にとっては権利です。直感的に、義務を果たす側と、権利を行使する側とで、どちらが費用を負担すべきでしょうか。おそらく義務を負担する側と考えた方が、座りが良いと思います。法律の考え方も、**義務を果たすための費用は、原則的に、義務を果たす側が負担すべきもの**だとされています（民法 485 条本文）。

　もっとも、当事者双方で取り決めがある場合には、権利を行使する側が費用を負担することもありますし、そもそも権利者の方が余計なことをしたために経費がかさんでしまったという場合には、そこも義務を果たすまで義務者の方で費用を負担せよというのはいかにも不公平です。そうすると、従業員と合意すれば、振込手数料も従業員負担とすることができるのではないか、そもそも雇用主の取引銀行を指定してくれれば良いのに、違う銀行を指定するということは、従業員が余計なことをしたと言えるのではないか、という議論も出てきそうです。ところがそうはいかないのです。これは、給料を銀行振込で支払うという方法が、世間の常識とは違って、労働法の世界では「例外」とされていることと大きく関係しています。

　給料の支払いについては、とても固い考え方として、**①通貨で、**

②直接に、③全額を、④毎月1回以上、⑤一定の期日を定めて支払わなければならないという、5つの原則が定められています（労基法24条）。いうまでもなく、給料は働く人の生活を支える原資ですから、すぐに使える状態で支払ってもらわなければなりませんし、いつ支払われるかも決まっていなければ、生活設計にも支障が出るというものです。ですから、この原則は非常に固い鉄則として考えなければならないとされています。

　そうすると、給料を銀行振込で支払うということは、形だけをみれば、通貨で支払っていないわけですから、通貨払いの原則に違反するのではないか、という疑問もあるかもしれません。しかし、銀行振込での給料の支払いは、雇う側だけでなく、働く側にもメリットがあるわけですから、従業員の同意がある場合にまで、絶対に現金で支払わなければならないということを貫く意味がありません。

　かといって、たとえ従業員の同意があったとしても、あまりに不便な銀行を指定することまで認められるとあっては、結局、給料は支払ってもらったものの、引き出しができなくて生活に困ってしまう、ということもあるかもしれません。それも自己責任だ、といってしまえばそれまでなのですが、こと給料が関係する場面においては、判断ミスで生活が立ちゆかなくなる、ということがないように、法律で労働者を保護しようという価値観が強く働きます。

　給料を銀行振込の方法で支払うことは、あくまでも通貨払いの原則に対する「例外」とされていて、**従業員からの同意が必要であることはもちろんのこと、その振込先は従業員が「指定する」銀行等とすることと定められています**（施行規則7条の2第1項）。なおかつ、**振込みは振り込まれた給料の全額が、所定の給料日に払い出しを受けられるように行われなければならない**ともされているので（昭和63年1月1日基発第1号）、給料を銀行振込で支払う方法をとる場合には、従業員が現金手渡しで給料を受け取るのと変わらな

いようにすることが事業主に求められているといえます。

　雇用主の取引銀行を給料の受取口座とすることを従業員に対して義務づけることはできませんし、それ以外の銀行の口座を指定したからといって、余計なことをした、という評価も成り立ちません。そのため、振込手数料がかかったとしても、それは給料の支払義務を負っている事業主の方で負担しなければならない、という考え方に至るというわけです。それにもかかわらず、**振込手数料分を給料から差し引いてしまうと、その分だけ、給料を支払っていないということになり、賃金全額払いの原則に反する**ということになります。

　なお、労使協定を締結することで、一定の費用については、賃金から控除することができるので（労基法 24 条 1 項但書）、銀行振込手数料を控除することの労使協定を締結したり、従業員から個別に同意を得るという方法がとられている例もあるようです。

　しかし、労使協定で問題なく賃金から控除できるのは、法律で定められている税金や社会保険料等のほかは、社宅の費用、福利厚生施設の利用、社内預金、組合員費等、本来、従業員が負担することが当然というものが想定されています（平成 11 年 3 月 31 日基発 168 号等）。給料の銀行振込手数料は、従業員が負担することが当然かどうかそれ自体が問題なので、労使協定があるから当然に控除できるとは言い切れません。また、個別に同意を得たとしても、こと給料の一部が支払われない結果となる同意については、心の底から同意していたといえるかどうかを問題にするのが裁判例の傾向で、「本当はイヤでした」といわれてしまうとそれまでとなりかねません。**労使協定や個別同意によって、給料の振込手数料を差し引くという方法であれば問題ないとはいえないので注意が必要です。**

実例でチェック

　Xは派遣元Y１社から派遣されてY２社で働いていました。Xと
Y１社との労働契約では、Xの求めがあれば、Y２社で働いた日の
翌日に給料の支払いを受けることができる「即給サービス」という
方法での給料の支払方法ができるとされており、Xだけでなく、派
遣元Y１で働く派遣スタッフの45％ほどが、即給サービスを利用
していました。

　もっとも、即給サービスを利用した場合、給料の銀行振込に要す
る手数料分は給料から天引きされることとなっており、実際、支払
いを受ける都度、振込手数料相当額が天引きされていました。こう
して働いた日ごとに支払いを受け続けると、その都度、振込手数料
分が差し引かれるので、Xが受け取れる給料は、働く日が多ければ
多いほど、振込手数料分だけ目減りしていくことになりました。X
は、こういうこういう仕組みで振込手数料分をXに負担させること
は、賃金全額払いの原則に違反するので、結局、差し引かれた分だ
け賃金が未払いになっていると主張して、差し引かれた分に相当す
る額を未払賃金として、Y１に請求をしました（参考裁判例：東京
高判平成30年２月７日労働判例1183号39頁［凸版物流ほか１社
事件］）。

　このケースでは、即給サービスは従業員側の都合で、早めに給料
をもらえるという仕組みなので、**もし振込手数料の差引きが困ると
いうのであれば、即給サービスを使わないという選択肢があった**と
いえます。また、**即給サービスを使うのであれば、振込手数料は自
己負担になる、ということも雇入れ時に説明の上で、Xもそれに同
意をして、働いていた**という事情があります。そうすると、振込手
数料がXの負担となったのは、X自身の選択によるもので、なおか

つ最初からそういう前提での労働契約だったのだから、あとから振込手数料分を差引きされるのはおかしい、ということ自体が、後出し的ではないか、という疑問が出てくるかもしれません。

　ですが、この事例では、Ｘは結局、日雇い的な働き方になっていて、次の仕事があるかどうかもわからず、すぐに給料をもらっておかないと、毎日の生活がいつ立ち行かなくなるかもわからない、という状況にありました。実際、Ｘだけでなく、Ｙ１社で働く従業員の45％が即給サービスを利用していたという実情は、ここで働く人の相当な人数が、即給サービスを利用せざるを得ないという状況にあったのではないか、ともいえます。そうすると、**Ｘとしては、そうせざるを得なかったのであって、好き好んで即給サービスを選んだのではない、という見方もあり得ます。**こういう考え方をした場合、Ｘの自己責任だとは、なかなか言いにくくなります。

　裁判例では、給料からの差引や、全部あるいは一部の放棄については、たとえ従業員から同意があったとしても、それが従業員の自由な意思に基づいてされたといえるだけの合理的な理由が客観的に存在していなければならないとされています（最判平成２年11月26日労働判例584号６頁［日新製鋼事件］）。この「合理的な理由」が「客観的に存在している」といえるかどうかというところが重要なポイントで、なぜそうした差引等が行われたのかの事情をふまえて、裁判所の基準からして、「なるほど、それなら差引きも当然だな」と判断してもらえるようなものでなければなりません。

　これはあくまでも、裁判所の目から見てのものなので、従業員本人がそれでいいと言ったとしても、「いや、そういう判断をするのは、法律の目から見ると不合理ですよ」ということになれば、誰から強制されるわけでもなく、従業員自身が自分で判断したことであったとしても、法律上、有効な同意としては扱われないということになるのです。

　実際、今回のケースでは、Xが誰に強制されることなく、自分の判断で同意をしていたこと自体は裁判所も前提としつつも、Xが即給サービスを受けざるを得ない雇用状況にあったことや、実情として、他の従業員も相当数が即給サービスを受けていたことを重視して、裁判所の目から見ると、Xの同意は「自由な意思」に基づいたものといえるだけの合理的な理由が客観的に存在したとはいえないと判断しました。その結果、Y1社がXの給与から控除した振込手数料相当額は、給料未払の状態にあるということになり、Xの主張が認められて、Y1社に対して差額分の支払いが命ぜられました。

　従業員から何の了解も得ず、当然に給料の振込手数料を差し引くことは、法律上の根拠が見当たらず、さすがに無理だといえるでしょう。一方で、賃金控除に関する労使協定を締結したり、従業員から個別に同意を得ておけば、給料の支払いに際して必要となる費用負担の問題として、この分を差し引くことも認められるのではないか、という考え方もないとはいえません。

　しかし、従業員が当然に負担すべきであるとはいえない振込手数料を、労使協定で控除の対象とできるのかということ自体が問題ですし、裁判所の傾向からすると、そもそも振込手数料を従業員が負担するということ自体が不合理であって、これを負担するという同意をしたとしても、それは自由な意思に基づくものとはいえない、との判断がなされる可能性が高いといえます。それだけでなく、従業員に振込手数料を負担させるというのであれば、「労働者に食費、作業用品その他の負担をさせる定めをする場合」として、就業規則に定める必要があるのでは、というまた別の議論もあります（労基法89条5号）。給料の振込手数料を従業員へ負担させることは、法律の考え方からも、裁判所の考え方の傾向からも、リスクとなりますので、避けるべきです。

Q8 育児休業や産前産後休業をとった従業員について、休業期間分、賞与や昇給の査定上、減額とする取り扱いをしても問題ないでしょうか。

A8 休業の日数や時間と比例的に減額することは可能ですが、休んだことそれ自体を不利に扱ったと評価されないようにする工夫が必要です。

解決のポイント

　育児休業や産前産後休業は、法律が特に従業員の休業を認めている制度です。法律が「こういう場合は休めます」としているのに、休んだことで、賞与や昇給の査定上、不利な扱いを受けるとあっては、満足に使うことができません。賞与等をもらうことと休業とを天秤にかけて、金銭面で不利な扱いを受けたくないのであれば、休業しなければ良い、という考え方もあるかもしれませんが、もしそういう理屈が成り立つのであれば、直接「休んではいけない」と言わないにしても、「休みたくても休めない」という状態を作ることで、間接的に休業をさせない仕組みができてしまうことになります。

　特に産後休業では、産後 8 週間を経過していない女性従業員が働くこと自体、原則的に「禁止」されています（労基法 65 条 2 項本文）。この場合には、当の女性従業員も休みたくて休んでいるわけではありません。それなのに、「休んだことの不利益は、あなたの方で負担してください」というのは、いかにも不合理ではないでしょうか。そういうことで、**育児休業や産前産後休業で休んだことそ**

れ自体を理由にして、**賞与や昇給の査定上、不利益な取扱いをすることは禁止されている**のです（男女雇用機会均等法9条、育児・介護休業法10条等）。

　もっとも、育児休業等であっても、現に仕事を休んでいることには違いありません。仕事を休んでいるのに、その期間の給料を支払わなければならないかというと、そうではありません。**育児休業や産前産後休業の期間中の給料の支払いまでは義務付けられていない**のです。このことの延長として、賞与や昇給の査定上も、その理由が育児休業等であったかどうかを問題にせず、実際に出勤していないという事実を考慮すること自体は可能です。

　もっとも、**休んだことが育児休業等であったかどうかを問題にしているのではなく、実際に出勤していないという事実を考慮しているのだということは、その取扱いをする根拠となる就業規則や社内規定によって、明確にされていなければなりません。**たとえば、「賞与は年2回、夏と冬とに査定の上で支給する」とだけ定められている場合に、育児休業等で休んだ従業員の賞与を減額したとすると、そこで行われた「査定」が、休んだことが育児休業等であったのか、それとも実際に出勤していないという事実を考慮したのか、ブラックボックスになっていて明確になっていません。こういう規定を根拠にして、育児休業等で休んだ従業員の賞与を減額することは、法律が禁止している不利益な取扱いにあたると評価される可能性があります。

応用のポイント

　給料は、働いた分だけ支給することが大原則です。とはいえ、従業員が働こうにも、雇用主側の事情で働けない場合にまで、「働い

ていないのだから、給料は支払えません」というのは不合理です。たとえば、解雇が法律的に間違っていると評価されてしまった場合、解雇日以後、その従業員が働けなかったのは雇用主が間違った解雇をしたからだ、ということになるので、働いていなくとも、給料相当額はあとから支払わなければならないということになります（民法 536 条 2 項）。また、新型コロナ感染拡大期に行われた休業のように、雇用主の責任とはいえなくとも、広い意味で雇用主側の事情によるものといえる場合には、従業員の生活保障のため、休業手当の支払いが必要です（労基法 26 条）。

　育児休業や産前産後休業の場合でも、その期間中、実際には働いていないことには違いがありません。そのため**法律は、たとえ育児休業等で休んでいる場合であっても、雇用主に対し、この期間の給料の支払いを義務付けていません。**この間の従業員の生活費は、各種の給付金によって公的に賄われる仕組みとなっています。**退職金や賞与の算定に当たり現に勤務した日数を考慮することは、法律が禁止する不利益な取扱いにあたらないこと**は、厚生労働省から出されている指針でも示されています（平成 18 年厚生労働省告示 614 号、平成 21 年厚生労働省告示）。

　そうすると、育児休業や産前産後休業をした従業員について、休んだ期間分を考慮して、賞与や昇給の査定上、減額する仕組みを作ること自体は、法律上も可能だということになります。ところが、これがなかなか簡単ではありません。というのも、**ある不利益な取扱いが法違反となるかどうかは、育児休業等で休むという申出をしたことと因果関係を有していると判断されるかどうかに関わっている**ためです。現に育児介護休業等の申出があって、それから時間的に近い時期に、その従業員にとって不利益な取扱いがなされたときには、**育児介護休業等の申出を契機（きっかけ）にしたものではないということを雇用主側で証明しなければ、それは育児休業等をし**

たがために行われた不利益な取扱いではないかと原則的に疑われて
しまいます。

　育児休業等をした従業員の賞与や昇給の査定上、減額の取扱いを
したことが、育児休業等の申出をきっかけにしたものではないとい
える典型的な例は、これが休業の日数や時間と比例的に行われたも
のであるという場合になります。実際に、休業の日数や時間を比例
的に考慮して、金額を定めているというのであれば、それは単に計
算上の問題です。こういうことであれば、これこれこういう数式で
このように計算したからこうなりました、という計算過程を示せ
ば、一応の説明にはなるといえます。

　しかし、**休業の日数や時間との比例的な計算とピッタリ一致して
いない場合には、その分、「余計な要素」を考慮しているというこ
とになるので、そうしたよくわからない余計な要素を考慮している
ということはすなわち、育児介護休業等をしたことそれ自体を理由
にした不利益取扱であり、育児介護休業等で休むことを抑制するた
めの不当な制度と評価されてしまう**ことになります。

　また、計算で根拠を示すことができたとしても、**就業規則や社内
規定上、そういう計算を行って賞与や昇給の査定を行うのだという
ことが定まっていなければ、そもそも育児休業等をしたから賞与や
昇給を減額する**という根拠がありません。たしかに、給料は働いた
分だけ支給することが原則ですが、賞与や昇給においては、何日間
あるいは何時間働いたか、ではなくて、在籍をしていたかであると
か、どういう成果を上げたかによって、査定が行われる仕組みがと
られていることも少なくありません。こういう査定方法がとられて
いる場合、育児休業等で休んだからといって、在籍していないとい
うことにはなりませんし、育児休業等以外の期間で成果を上げてい
たのであれば、マイナス査定をすること自体に合理的な根拠がない
ということになります。

　一例として、先に述べた賞与の規定例のほか、もっと**単純に「賞与は年2回支給する」とだけしか定められていないような雇用主**では、規定上、出勤がないから賞与を支給しないということになっていません。また昇給についても、「定期昇給は年1回行う」とだけしか定めていないような場合には、育児休業等をしたからといって、さらには育児休業期間等の最中だからといって、昇給を「しない」という根拠自体が欠けていることになってしまいます。特に、遅刻・早退については、昇給をしない理由としていないのに、育児休業等をした場合についてだけ、昇給を見送るというようなことでは、育児休業等をしたことそれ自体を理由にした不利益な取扱いだと評価されても仕方ないといえます（大阪高判平成26年7月18日労働判例1104号71頁［医療法人稲門会事件]）。

　育児休業等で休んだ従業員について、休業期間分、賞与や昇給の査定上、減額とする取扱いをするためには、**賞与や昇給の仕組み上、休んでいる期間が査定上考慮されるということが定まっていることがまずもって必要**です。この場合、遅刻・早退については考慮しないのに、育児休業等の場合についてだけ考慮すると、実際には休んだことを問題にしていないではないか、との批判を受けてしまうこととなります。したがって、**制度設計上は、育児休業等に限らず、勤務日数が何日であったかを平等かつ比例的に考慮する仕組みとしておくことが必要**です。

　もっとも、**賞与や昇給の査定上、勤怠だけでなく業績も考慮する仕組みにしている場合は、さらに注意が必要**です。なるほど、育児休業等の期間中は、実働していないので業績も伴いませんが、それ以外の期間に相応の業績がある場合には、育児休業等をしたがために、その間の業績まで不問とされるいわれはありません。**業績を考慮するという査定方法が採用されている場合には、育児休業等の期間は、査定の期間から除外するなどして、育児休業等をしたことが**

実質的にマイナス評価されることにならないか、という疑いが入り込まないよう、工夫をすべきであるといえます。

実例でチェック

　Y社では、毎年、賞与が支給されていましたが、出勤率90％未満の従業員は、支給対象外とすることが給与規程において明記されていました。また、出勤率90％以上の従業員であっても、育児のための勤務時間短縮措置や産前産後休業で休んだ従業員については、その期間分を欠勤日数として、その分だけ比例的に賞与額が減額される仕組みがあわせてとられていました。

　Y社の従業員であるXは、賞与算定期間中、産後休業を経て、育児のための勤務時間短縮措置を受けた結果、出勤率90％未満となったため、Y社から賞与の支給を受けることができませんでした。Xは、Y社における賞与の仕組みは、育児休業や産前産後休業で休んだことそれ自体を理由にした不利益な取扱いで不当であると考えて、賞与満額の支給を求めてY社を訴えました（参考裁判例：最判平成15年12月4日労働判例862号14頁［東朋学園事件］）。

　まずこの場合、Y社においては、欠勤が一定程度あった場合に、賞与を支給しないとする社内規定上の根拠がありますので、実際、育児休業等で休んでいる期間があるXとしては、この社内規定上の定めに基づいて、賞与の支給を受けられなくとも、仕方がないのではないかとも思えます。

　しかし、このY社の制度では、出勤率90％未満だと、賞与は全くゼロになってしまうというのですから、極論すると、出勤率が89％であったとしても、全く賞与の支払いが受けられないということになってしまいます。たとえば、週休2日制で1ヶ月4週間、平

　均して 20 日の勤務日があったとすると、年間所定労働日数は 240 日となりますが、その 1 ％となると、2.4 日です。育児休業や産前産後休業は、ある程度、まとまって休むことが想定されていますが、わずか 2.4 日の休みの違いで、賞与がゼロになってしまうというのは、あまりに極端であるといわざるをえません。

　なるほど、欠勤した日数や時間分に比例して、賃金が少なくなるということ自体は、たとえ育児休業等の場合であったとしても、やむを得ないといえます。ですが、こうした極端な欠勤日数の考慮方法は、欠勤した日数や時間分に比例した賃金の減額とはいえません。しかも、これによって被る従業員の不利益はとても大きいので、賞与が欲しいのであれば、育児休業等で休まないようにせよ、という仕組みであるといわれても仕方ありません。このように、**欠勤が一定日数に達した場合には、それ以上の比例的な考慮は行わず、賞与をゼロとしてしまうような仕組みは、公序に反する**とさえいえるでしょう。

　こちらの事例の裁判例では、こうした制度の趣旨・目的が、従業員の出勤率を向上させ、貢献度を評価することにあり、もって、従業員の高い出勤率を確保するものであって、一応の経済的合理性を有していると評価しました。しかし、こと育児休業等の関係では、実際には休んでいたとしても、出勤したものとして日数に算定しなければ、**育児休業等で休むことを抑制し、法律がこれらを保障した趣旨を実質的に失わせる**ことになるとして、育児休業等との関係では、公序に反して無効であるとしました。

　しかし一方で、**育児休業等で休んだ分だけ、比例的に賞与額が減額される仕組み自体については、実際に働いていない期間については、その間、給料の請求権がないわけですから、直ちに育児休業等を保障した法律の趣旨を実質的に失わせるものではない**と判断しました。

　育児休業等で休んだ期間がある場合、実際に働いていない期間があることを考慮して、賞与や昇給の査定を行って、休んでいない場合よりも減額されること自体はあり得ます。しかし、そういう取扱いをするのであれば、査定上、実際に働いていないことが考慮されるということが明確になっていなければなりません。そして、考慮する方法は、**休んだ期間を比例的に反映するものでなければならず、極端に過ぎるものは、そもそも育児休業等をさせないことを目論んだ仕組みとして、無効とされてしまうこともある**というわけです。

　なお、育児休業や産前産後休業で休んでいる期間は、有給休暇の付与のための出勤率の算定の場面では、出勤したものとして数えます（労基法39条10項）。賞与や昇給の査定上、こうした休業期間を出勤したものとして数えることは、法律上、義務付けられていませんが、あえて出勤したものとすることは差し支えありません。

Q9
定年後再雇用の従業員の給料はどの程度までであれば、切り下げることができるのでしょうか。

A9
職務の内容等にもよりますが、現役時代の 70％程度までは確保した方が無難といえます。

解決のポイント

　多くの職場では、60 歳定年制が置かれていましたが、最近では定年を 65 歳に引き上げたり、定年後も 65 歳までは再雇用をするという方法がとられています。これは法律によって義務づけられている制度なので、現在では、正社員として雇った従業員については、何らかの方法で 65 歳まで雇わなければならないということになります（高年法 9 条）。

　正社員を 65 歳まで雇い続ける方法として、よく採用されているのが、**60 歳で一旦定年退職とするけれども、65 歳までは 1 年更新の有期契約とするという定年後再雇用**という方法です。

　定年後再雇用は、**あくまでも「再雇用」なので、どういう仕事をしてもらうか、またどういう条件で働いてもらうかも、一から詰めていくことができるのではないか**、と思われるかもしれません。これは半分は間違っていないことで、雇用主と従業員との間で心の底から納得のいく再契約であれば、極端な話し、現役時代の半分の給料で働いてもらうということもできないわけではありません。

　ですが、60 歳も過ぎれば、誰だってゆっくりと生活をしたいで

すから、現役時代から極端に給料が下がることに心の底から納得できるかというと、なかなかそうは割り切れません。だからといって、「そんな条件では働けません」と突っぱねてしまうと、年金をもらえるようになるまでの間、どうやって生活していけば良いのか、という問題に直面してしまいます。なので、**契約書は取り交わしたものの、「実は不本意な契約でした」などとあとから言われてしまうこともあり得る**のです。契約書にサインをしたのに、そんなことが通用するのかとお思いかもしれませんが、裁判所まで持っていけば、通用することもあるというのが実情です。

　だからといって、定年後再雇用となる従業員の求めるままの条件で雇わなければならないというわけではありません。雇用主側も従業員側も、お互いの落とし所となりそうな「これぐらいは妥当であろう」というレベルでの条件提示をすることが必要です。**給料についていうならば、裁判例の傾向上、現役時代の70%を切ってしまうと、問題となりかねない**といえます。

　では、70%までであれば大丈夫かというと、これまたそうではありません。**定年後も現役時代と同じ仕事を同じ責任でさせているのに、給料だけ下げるということは、いかにも筋が通らないから**です。定年後再雇用の従業員の給料を下げるのは、あくまでも現役時代よりも仕事の中身や責任が軽くなったから、という根拠がなければならず、根拠があったとしても、現役時代の70%を下回る給料水準となると、問題となるリスクが大きいと考えておくべきです。

応用のポイント

　65歳未満の年齢で定年としている雇用主は、65歳までの雇用を確保する措置を講じることが法律上の義務となっています（高年法

9条）。具体的には、**定年を65歳以上まで引き上げる、希望があれ
ば65歳まで継続雇用する、そもそも定年をなくしてしまう、と
いういずれかの方法**によらなければなりません（高年法9条1項1号
ないし3号）。このどれかの方法をとれば良いのですが、60歳定年
を一応前提とする限りは、継続雇用の方法しかありません。もっと
も、「継続」雇用とはいっても、一旦は退職しているのですから、
以後は再雇用となります。そしてこの再雇用は、正社員としての再
雇用でなくても構わないので、実際には、**65歳までの更新を予定
した1年毎の有期契約の方法が採られている**ことが多いわけです。

　定年後再雇用はあくまでも「再雇用」ですから、どういう条件で
働いてもらうかも決め直すということになります。現役時代と同じ
仕事をしてもらう必要はありませんし、給料の条件も変更があって
構いません。契約は本来、するかしないかも自由なわけですから、
定年後再雇用の場面でも、条件が合わないのであれば、契約できな
いということもあり得ます。ですが、**65歳まで継続雇用すること
は、雇用主の義務である**ということに注意が必要です。**条件が合わ
ずに定年後再雇用できないことは、事情によっては雇用主が義務を
果たしていないということになる**のです。ですので、定年後再雇用
の場面では、およそ従業員が受け入れないような条件提示をしては
いけないのであって、**仕事の内容や給料の条件を変更するにして
も、そこまでであれば、受け入れられるだろうという程度のもので
なければなりません。**たとえば、現役時代に事務職で働いていた従
業員について、事務職で再雇用できない理由もないのに、定年後再
雇用では清掃業務にあたってもらうという条件提示をしたことが不
当と判断されて、慰謝料の支払いが命ぜられたという例もあります
（名古屋高判平成28年9月28日労働判例1146号22頁［トヨタ自
動車ほか事件］）。

　では、仕事の内容は全然変えないで、給料の条件については切り

下げる、という方法はどうでしょうか。もしかすると、正社員ではなくなって、1年毎の有期契約になったのだから、給料が下がるのは当然だと思われるかもしれません。ですが、契約が違うと、なぜ給料が下がるのが当然なのでしょうか。パート、アルバイトあるいは契約社員（雇用主によっては嘱託社員と呼ぶこともあります）は、正社員に対して非正規社員などと呼ぶことがありますが、**正社員か非正規社員かという「契約の違い」だけで給料に差を設けることは、よくよく考えると根拠がないことなのです。定年後再雇用の場合も同じで、定年後再雇用になったから、給料が下がるのは当然とはいえないのです。**

　正社員と非正規社員との給料の違いは、仕事の内容そのものや責任の程度が違っていたり、今は同じように見えても、将来的には変わっていく範囲が違っているなどという、契約の「中身」の違いがなければ筋が通りません。これは同一労働・同一賃金というルールの一つです（パート有期法8条）。**定年後再雇用となった従業員でも、現役時代と同じ仕事を同じ程度の責任でやってもらうということであれば、給料を下げることの根拠自体が乏しくなってしまうのです。**

　もっとも、定年まで勤め上げた従業員は、再雇用をするといっても、65歳までという年限があるので、まだまだ長く働いてもらう必要がある現役世代の従業員とでは、人材としての活用の仕組みが違ってきて当然です。また、定年時には、退職金が支払われているかもしれませんし、現役世代と違って子育ての負担からも解放されていたり、もしかすると住宅ローンだって返し終わっているかもしれません。限られた人件費を従業員みんなにどう分配するかを考えたとき、定年後再雇用の従業員よりも、現役世代を優遇するという判断は十分にあり得ます。こうした配慮から、**定年後再雇用の従業員には、現役世代に支給していた手当や賞与の一部を支払わないこ**

とはあり得ることで、その結果、現役時代よりも給料の水準が下がることは不合理とまではいえません。

　定年後再雇用に伴って、仕事の中身や責任の程度が現役時代よりも軽いものになった場合には、手当や賞与だけでなく、基本給部分についても、水準が下がることもあり得ます。しかし、**定年後再雇用だからといって、いきなり仕事の負担が半分になるということは、普通はあまり考えられないのではないでしょうか**。そのため、**現役時代と比較して 50％まで給料の水準が下がるとなると、そういう条件提示自体がどうなのかと疑問が出てしまいます**。では 60％であればどうかというと、事情によっては、そういうこともあるかもしれません。しかし、**給料の 60％というと、休業手当（労基法 26 条）と同水準となるので、最低限ギリギリまで切り下げたとの評価を受けかねません**。そこまで下げるには、かなり説得的な理由付けが必要といえるでしょう。

　こうして考えてみれば、**定年後再雇用の従業員について、給料を下げようという場合であっても、70％程度を確保しておくのが無難**であるといえます。裁判例上もそこまで確保していると、問題視はされない傾向にあるのが実情です。

実例でチェック

　Xは、Y自動車学校で 30 年以上の間、自動車教習指導員として勤め上げ、この度、60 歳で定年退職となりました。以後は、定年後再雇用として、Y自動車学校の嘱託従業員となりましたが、仕事の内容は、現役時代と同じ自動車教習指導員で、**定年退職したからといって、仕事の内容が変わることはありませんでした**。また、この自動車学校には、校舎が 1 ヶ所しかなかったので、**転勤や配置転**

換というものも、現役時代からもともと予定されていませんでした。

　このようにXは、定年退職後に嘱託従業員となったものの、現役時代と同じように働くことになったのですが、Y自動車学校から支払われる給料は、現役時代の60％前後まで切り下げられてしまいました。納得いかないXは、Y自動車学校に対して、現役時代との待遇差分の損害賠償を求めて、裁判所に訴えを起こしました（参考裁判例：名古屋地判令和2年10月28日労働判例1233号5頁［名古屋自動車学校事件］）。

　定年後再雇用はあくまでも「再雇用」ですから、給料をいくらとするかも新しく決めることができるといえばそうかもしれません。ですが、定年退職になる前の日と次の日とで、何も変わらない仕事をしているのに、給料だけが下がるというのは、働く側からすると何とも納得のいかない話しといえます。

　「条件が不満なら、契約しなければいい」という発想もあるかもしれません。ですが、65歳までの継続雇用は法律上、事業主の義務となっています。「条件が不満なら、契約しなければいい」という発想は通用しなくて、「そもそも従業員が不満だと思うような条件提示をすること自体が問題だ」ということになってしまうのです。

　とはいえ、従業員が少しでも不満だと思うような条件提示は許されない、というのはいかにも極端です。定年後再雇用は、単純な雇用延長ではなく、一旦、退職をはさんでの再雇用であることには違いないのですから、現役時代と全く同じ条件で雇い続けることまでは、雇用主の義務ではないといえるからです。そうすると結局は、労働条件を変更することができるとしても、どこまで変更できるかが問題となり、このケースは給料を下げられる限界はどのあたりかを探るための例となります。

　まずこのケースでは、Xは30年以上もの間、Y自動車学校で勤

務してきたので、それなりの給料の支給を受けていました。我が国では、多かれ少なかれ、給料に年功的な要素を入れる例がまだまだ多く、新入社員が30年目の従業員よりも給料が低かったとしても、「長く働いたのだから、給料の違いはあって当然だ」ということで常識的な理解が得られると思います。定年後再雇用の「再雇用」という側面を強調して考えれば、**退職をきっかけに年功部分がリセットされるという考え方**も一応あり得ます。このように考えれば、仕事の内容などが全く同じでも、定年後再雇用をきっかけに給料が下がること自体は、一応理屈がつきそうです。

　しかしそうだとしても、年功部分がまったくない新入社員の賃金水準まで下回ってしまうと、説明がつきにくくなってきます。なので、**定年後再雇用にあたって給料を下げられる限界は、現役時代の何割までか、という考え方とは別に、新入社員の賃金水準を下回ってはいけないのではないか**、という考え方もあり得ます。実際のケースでも、定年後再雇用されたXの給料が新入社員の賃金水準を下回っていることは、やはり疑問視されました。

　ただ、このケースのXに対しては、定年退職時にY自動車学校から退職金が支払われており、また要件を満たせば、Xには定年後再雇用によって下がった給料分をある程度補ってもらえる給付金（高年齢雇用継続基本給付金）や老齢厚生年金（報酬比例部分）の支給も受けられるという事情がありました。こういった事情があれば、**新入社員の賃金水準を下回ったとしても、全体的にはバランスがとれているといえる場合もある**ので、多くの事例では、新入社員の賃金水準を下回らないように、ということは一つの目安となるものの、決定的な要素とまではならないといえます。

　実際のケースでは結局、定年後再雇用によって下がった給料が、労働者の生活保護という観点を踏まえて不合理といえるかどうかが問われました。そして結論的には、**定年退職時の基本給の60％を**

下回る限度で不合理であるという判断がなされました。

　この判断を雇用主側の立場から強気で考えるならば、定年後再雇用の給料を下げられる限界は、現役時の60％までであるという理解もないとはいえません。しかし、このケースで問題とした、労働者の生活保護という観点が今後も物差しとして機能するとすれば、休業手当（労基法25条）の定める水準と同程度である**60％という水準は、本当にギリギリの最低限という評価**を受けることになります。

　なおこのケースでは、単純に定年退職時の基本給の60％という基準が示されたわけではありません。たとえば、新入社員の賃金水準と比較して、多少ではなく大幅に下回っていたり、退職金の支給がなかったとすれば、違った判断がなされていたかもしれません。**60歳を定年として、65歳まで再雇用する場合の賃金水準は、平均的には70％程度以上である**と分析した統計もありますので（独立行政法人高齢・障害・求職者雇用支援機構「継続雇用制度の現状と進化」参照）、定年後再雇用の従業員について、賃金を下げる必要がある場合でも、こちらのケースよりも余裕をもって、**現役時の給料水準の70％を切ってしまうと裁判例上問題**となりやすいと考えておくべきです。

第 3 章

労働時間・残業代

～きちんと支払っているのになぜ未払いに？～

Q10 直行・直帰の時間や移動時間は、労働時間に含まれるのですか。

A10 原則的には労働時間に含まれませんが、その間が「指揮命令下」にある場合は問題です。

解決のポイント

　営業や現場での仕事にあたっている従業員の場合、職場の事務所までタイムカードを押しに来なければいけないとなると、出先によってはとても不便で、その分かえって余計な労働時間が増えてしまうことがあります。そういう場合には、事務所に立ち寄らずに直行・直帰をすることが認められている、という例も少なくありません。

　直行・直帰は要するに、その日の仕事が出先であるというのなら、最初から仕事先に出向いて、そこで仕事が終われば、そのまま帰ってもらおうという方法です。もしこの仕事先というのが、いつも働いている雇用主だとしたら、出勤してくるまでの時間や、仕事が終わってから帰るまでの時間帯が労働時間に含まれるでしょうか。普通はこのような通勤時間帯が労働時間に含まれるとは考えません。**現場へ直接に出向くための時間や、そこでの仕事が終わって直接に帰るための時間は、原則的には通勤時間と同じことなので、労働時間には含まれない**ということになります。**例外的に、移動時間中も何か仕事をさせている場合には、労働時間にあたります。**たとえば、社用車を運転させて、他の従業員の送り迎えをさせている

場合には、同乗している従業員にとっては、単なる通勤時間であっても、運転している従業員にとっては、送迎という「仕事」をしていることになるので、労働時間となります。

　では、直行ではなく、一旦、事務所に立ち寄ってから、出先へ移動するための時間は労働時間に含まれるでしょうか。もし、移動時間が労働時間に含まれないとなると、たまたま移動があった日は、その時間分だけ労働時間が差し引かれることになってしまいます。当然、そんなことにはならないので、**所定労働時間内の移動時間は、労働時間に含まれる**ということになります。

　一方で、所定労働時間外の移動時間は、労働時間に含まれる場合と含まれない場合とがあり得ます。雇用主の立場からしてみると、残業になるような移動はしてもらっては困りますし、従業員の立場からすると、仕事で移動しているのに労働時間に含まれないというのでは納得がいきません。所定労働時間外の移動時間は、雇用主から何か仕事をさせているのであれば、残業になるような仕事を雇用主自身が命じていることになりますので、労働時間と考えなければバランスがとれません。しかし、たとえ終業時間後に仕事があったとしても、移動時間中、スマホで動画を見ていようが、ずっと寝ていても構わないということであれば、そこまで労働時間だと考えなければならないというのも、筋が通らないことです。**所定労働時間外の移動時間は、仕事をするようにと雇用主側から指揮命令しているという状態にあるかどうかによって、労働時間かどうかの判断が分かれます。**

応用のポイント

　我が国の労働法制では、働いている「時間」に対して給料を支払

うことが原則となっているので、給料の対象となる労働は、「何を
やったか」ではなく「何時間働いたか」が基準になっています。こ
のことが良いのか悪いのかはともかく、法律の制度がそうなってい
る以上は、雇用主も従業員も、一日のうち、どこからどこまでが労
働時間なのかを理解しておくことが重要です。

　一つの考え方としては、就業規則や労働契約書で何時から何時間
まで働くと決められた**所定労働時間内はいわゆる業務時間内とし
て、雇用主も従業員も、労働時間だと共通認識を持っている**といえ
ると思います。ですから、所定労働時間内に仕事で客先へ移動する
ことがあったとしても、たまたま移動時間があったからといって、
その分、労働時間が減るということにはならないわけです。

　もっとも、理屈の上では、業務時間内に実際には仕事をしていな
いという時間帯があれば、そもそも給料の対象となる労働自体がな
いので、その分、労働時間から除外するということはあり得ます。
ですが、労働法の世界はいわば従業員性善説なので、業務時間中は
きちんと仕事をするだろうというところから出発します。移動中で
あったとしても業務時間中なので、長々と休憩をするようなことは
ないだろうというのが原則的な考え方なのです。**所定労働時間内の
移動時間は、働いていなかった時間帯があったことを「証明」でき
ない限り、「仕事をしていないので労働時間ではない」などという
主張はなかなか通るものではありません。**

　業務時間中はきちんと仕事をするだろうという推測が働くのは、
裏を返せば、業務時間中はきちんと仕事をして当然だ、という価値
観があるからです。従業員は、雇用主側から「働け」と命ぜられれ
ば、法律や労働契約に反しない限り、従わなければなりません。従
業員が「働くべき時間」として拘束されている時間帯は、仕事から
離れることができないのですから、それにもかかわらず、あえて仕
事を抜け出したという異常事態でもない限り、この間に労働時間に

「含まれない」時間があると考えること自体がもともとおかしなことといえます。こうしたことをふまえて、**労働時間とは、従業員が雇用主の指揮命令下にある時間をいう**とされています（最判平成12年3月9日労働判例778号11頁［三菱重工業長崎造船所事件］、平成29年1月20日基発0120第3号）。

　従業員が雇用主の指揮命令下にあるかどうかは、就業規則等で何時から何時までを労働時間とする定めがあるかどうか、という形式的な問題だけでなく、**仕事にあたるように時間や場所等が拘束されているかどうかという、実質的な事情をふまえて判断**されます。所定労働時間中が労働時間と考えられるのは、就業規則の記載もさることながら、通常はその時間については、仕事にあたるように拘束していることがハッキリしているからです。**逆に、就業規則等で所定労働時間外としていても、仕事にあたるよう拘束していると評価される場合には、労働時間に含まれてしまいます。**たとえば、毎朝始業時刻前にオフィスの掃除をさせるとか、終業時刻後に業務日報を作成させるとかなどをさせている場合が典型的な例になります。

　直行・直帰の場合、要するに、出先に出向いて仕事をしてくれればそれで良いので、移動時間帯は何をしていようと自由である場合が多いといえます。その日は働く場所がいつもの職場とは違うというだけのことで、直行・直帰の時間帯は、いわば通勤時間帯と同じようなものだということができます。**移動時間帯に、何か仕事をするよう拘束していない限りは、直行・直帰の時間帯は、労働時間にあたらない**ということになります。このことは、出張の場合も同じですが、出張の場合は所定労働時間内にも移動が挟まることがありますので、この時間帯まで労働時間でなくなるわけではないことには注意が必要です。

　もっとも、**移動時間帯に何か仕事をさせていると評価される場合には、その時間帯は当然に労働時間**だということになります。たと

えば、直行・直帰ではあるものの、他の従業員を社用車で送迎するような場合には、雇用主がそうするよう命じている限り、結局、送迎という仕事をさせているということになります。また、従業員を送迎するわけではないけれども、現場で使用する機材を運搬させたり、またその機材を雇用主まで返却させる場合にも、運搬業務をさせているということになりますから、やはり労働時間と評価される可能性が高いといえるでしょう。

　このように何か目に見える仕事をするよう求めている場合以外でも、たとえば**出張中に雇用主や客先との連絡や、書類の作成が必要になる時間帯は、雇用主の指揮命令下にあるとして、労働時間と評価される**ことになります。昭和の時代は、出張帰りといえば、半分、飲み会のようなものだったかもしれませんが、現代社会では、新幹線の車内でも、ノートパソコンで作業をしている人たちの姿は珍しくありません。そういう時間帯はやはり、労働時間だということの方が常識的だといえるでしょう。

　なお、移動は平日に行われるとは限らず、休日を使って移動しないといけないこともあり得ます。こういう場合、仕事のせいで休日がつぶれてしまうのですから、従業員からすると、仕事があったのと同じように扱って欲しいという気持ちになることでしょう。たしかに、休日の使い方としては制限されてしまいますが、ここまでの考え方をふまえると、移動中、何をしていても差し支えなく、実際に出先で仕事をするまでの間は、現地に着いても観光しようが温泉に入ろうが構わないということであれば、労働時間ではないといえるでしょう。それゆえ、**出張中の休日はその日に旅行する等の場合であっても、旅行中における物品の監視等別段の指示がある場合の外は休日労働として取り扱わなくても差支えない**と解釈されています（昭和23年3月17日基発461号等）。とはいえ、先に現場の下見を命じていたり、当日に備えて従業員同士のミーティングや資料

作成をさせたりした場合には、そういう仕事をさせていることになるわけですから、その時間帯については労働時間にあたります。

　休日の移動時間が労働時間にあたらない場合、当然、時間外や休日労働としての割増賃金も支払う必要はなくなります。しかし、貴重な休日を制限していることには違いないのですから、多くの雇用主では、休日の移動を伴う場合には、法律上、必須ではないものですが、出張手当や日当を特に支給するなどして従業員のモチベーションを維持するように工夫がなされています。

実例でチェック

　Y機器の技術スタッフとして働いているXは、業務命令で約2週間の韓国出張に出向くこととなりました。Y機器では、出張の場合には、所定労働時間のほか、現地で実作業時間に応じて給料が支払われることとされており、移動時間については、労働時間とせず、したがって給料の対象外と定められていました。

　しかしXは、こと海外出張の場合は、移動の負担も大きく、実際、この際の出張では15時間の移動時間を要し、本来であれば時間外労働にあたるとして、その分の割増賃金も含めた給料の支払いを求めて裁判所に訴えを起こしました（参考裁判例：東京地判平成6年9月27日労働判例660号35頁［横河電機事件］）。

　出張であったとしても、一種の直行・直帰であるということができます。直行・直帰の時間帯が通勤時間と同じように、原則的に時間外労働にあたらないのであれば、出張の場合、所定労働時間はもちろんのこと、それ以上に実作業にあたった場合には、その分の割増賃金が支払われなければなりませんが、移動時間については、直行・直帰の場合と同じように、労働時間にはあたらないというのが

原則的な考え方になります。

　とはいえ、**日本国内であればともかく、海外出張でも同じことがいえるかどうかは、特に従業員の立場からすると、疑問が出てきてもおかしくありません**。飛行機の待ち時間なども含めれば、半日以上かかることは全く珍しいことではありません。参考事例のケースは、まさにそういう点が問題となったものといえますが、裁判所は海外出張の場合も含めて、移動時間は労働時間と考えませんでした。

　Xからしてみれば、海外出張先に出向くためには、飛行場に移動して、離陸まで時間をとられて、ひとたび現地に着いてしまえば、自由にしろといわれても、日本にいるときと同じようにはできないので、結局、出張期間中、会社に拘束されているようなものだ、と言いたいところでしょう。ですが、**労働時間にあたるかどうかの判断基準となる雇用主の指揮命令下にあるかどうかという問題は、雇用主から「働くように」と拘束されているかどうかがポイント**となります。

　なるほど、海外出張ともなれば、自由にしろといわれても、できることは限られているので、行動そのものは制限されているといえるでしょう。だからといって、会社がその間、「働くように」と拘束しているかというと、そうとはいえません。**移動時間中は、労働の拘束性の程度は低いので、労働時間にあたるかどうかという意味での雇用主の指揮命令下にあたるとはいえず、それゆえ労働時間に当たらないという判断になる**ことは、やむを得ないといえるでしょう。

　ちなみにこのケースでは、移動時間中にも何かY機器から命ぜられた仕事があったというような主張まではなされていませんでした。実際のケースが起きた時期が平成の始めころであったことからすると、移動時間中に何かできるような仕事はなかったのかもしれ

ません。**現代では、出張先へノートパソコンを持ち運んで仕事を行うことが可能ですし、携帯機器を使ってショートメッセージ的なやりとりをすることもあり得ます。**そうすると、移動時間中に何をしようと自由であったとまでいえるかどうか、状況によっては違った判断が出てくる可能性もあります。

　移動時間が労働時間にあたらないのは、あくまでもその間に雇用主から「働くように」という労働による拘束を求めておらず、指揮命令下にあるとはいえない場合が一般的だからです。先例になっている裁判例が示された時代と現代とでは、移動時間中の労働による拘束性についても変化があります。所定労働時間内であれば、移動中であっても、何らかの作業にあたることはむしろ無駄な時間を効率的に活用できて望ましいといえますが、**時間外の移動中にまで、雇用主や客先とのやりとりを義務付けていると、ここも労働時間と評価される可能性があります**ので、注意が必要です。

Q11 休日に社外の研修に出席させたいのですが、休日
手当を支払わないといけないのでしょうか。

A11 義務として休日に社外の研修に出席させると、手当の支
払いが必要となります。

解決のポイント

　研修の時間は、いわば勉強の時間であって、本来の業務をしている時間ではありません。ですが、業界で必須の研修などは、従業員にとって、出席しないという選択肢がありません。それなのにもし、こうした研修に出席している時間分の給料が出ないとあっては、誰もその業務を引き受けなくなってしまうでしょう。**業務に必要不可欠な研修に出席するための時間は、ほとんど業務そのものなのですから、給料の支払い対象となる労働時間**と考えなければなりません。もし、週１回しかない休日を潰して参加しないといけない、という場合であれば、休日手当も支払う必要があります。

　では、業務に必要不可欠とまではいえないけれども、受講してくれば業務に役立つという研修の場合はどうでしょうか。雇用主にとっては、従業員がそういう研修を積極的に受講して、自分自身でスキルアップしてくれれば、とてもありがたいことといえます。しかし、どういう研修が業務に役立つのか、雇用主と従業員とで思いが一致するとは限りません。従業員が勝手に受けてきた研修について、「これは業務に役立つので、受講時間分の給料を下さい」とい

われても困りますし、逆に雇用主が受講してくるようにと指示していながら、その分の給料は出ませんということでは、誰も受講してくれないことでしょう。

　雇用主が参加するよう従業員に義務づけた研修は、その参加時間分の給料を支払わなければなりません。勤務時間中に開催されれば、研修時間だからといって欠勤控除の対象とはなり得ませんし、時間外に参加したのであれば、残業代の支払い対象となります。そして**週1回の休日に参加したという場合には、休日手当の支払い対象**となります。

応用のポイント

　研修と一口に言っても、業務に必要不可欠なものから、ほとんど関係がなくて、単に従業員の個人的なスキルアップのためのものまで様々です。雇用主の立場からみれば、資格や許認可の維持のため、絶対に受けてもらわないといけない研修であれば、その時間分の給料を払ってでも受講してもらわなければなりませんが、趣味的な習い事レベルのものに通う時間が給料の対象になる道理はありません。

　しかし、どこまでが業務に必要不可欠で、どこからが習い事レベルなのか、線引きはそうハッキリしたものではありません。業務に必要かどうかを基準にしてしまうと、雇用主からすると全然必要がなくて趣味的な研修だと思えるものでも、従業員からは「趣味とは何ごとですか。会社のためにやっているんです！」という見解の相違が生じることもあり、どうかすればその分が残業にあたるなどという主張も出てくるかもしれません。

　そもそも給料は、働いていた時間、つまり労働時間に対して支払

うものだというのが基本的な考え方になります。**研修の時間に給料を支払う必要があるかどうかも、その時間が労働時間にあたるかどうかによって判断されます。**

　このように言うと、「勉強している時間が労働時間にあたるのか？」という疑問が出てくるかもしれません。感覚的には、「労働」時間というものは、雇用主が求めている業務をしている時間であるはずで、勉強に出ている時間が「労働」時間になるのだろうかと思われることもごもっともです。しかし、**労働時間とは、客観的にみて、労働者の行為が使用者の指揮命令下に置かれたものと評価できるかどうかという基準で判断される**というのが、実務で固まっている考え方です（最判平成 12 年 3 月 9 日労働判例 778 号 14 頁［三菱重工業長崎造船所事件］）。従業員が本来の業務にあたっているのも、そういう指揮命令があるからで、本来の業務にあたっていなかったとしても、指揮命令を受けてそうしているのなら、労働時間として給料の対象になる、というわけです。

　研修の時間が給料の対象となるかどうかは、業務に必要かどうかという点もさることながら、雇用主が参加を義務づけているかという点がポイントとなります。雇用主が参加するようにと命じた研修であれば、従業員は言いつけを守って参加しないといけないわけですから、研修に参加している時間は雇い主の指揮命令下にあるということになります。ですので、**雇用主が参加を義務づけた研修であれば、その時間は給料の支払い対象となりますし、週1回の休日に参加したというのであれば、休日手当の支払い対象にもなる**というわけです。

　では雇用主が「参加しても、しなくても良い」とさえしていれば、研修の時間が給料の対象とはならないかというと、そう単純には割り切れない場合があります。参加自由としたところで、参加しないと査定や評価に響いたり、資格や認定を失ってしまうような場

合などには、従業員にとって参加しないという選択肢自体がとれないことになってしまいます。こういうケースでは、参加自由とは建前のようなもので、事実上、参加が強制されているようなものです。このように、**参加自由との形式さえとっていれば、研修時間は労働時間にはならない、というものではなく、実際に参加するしないの自由が従業員にあるといえない場合、つまり事実上の参加強制になっている場合には、やはり研修時間は労働時間として評価されることになります。**

　たとえば、終業後に行う研修で、参加しないからといって特に査定に響くこともないし、上司から参加するよう求められることもない、というような場合であれば、職場で実施されるようなものであったとしても、労働時間には当たらないといえるでしょう。ただし、**参加自由とはいうものの、「参加せずに帰るとは言いにくい雰囲気があった」として、雇用主の事実上の参加強制があったのではないかというトラブルになる例もあります。**会場や弁当の手配など、必要性がある場合は別ですが、あとから上司に報告するために出欠をとったり、参加のレポートを提出させるよう求めるなどすると、事実上の強制があったのではと疑われかねませんので注意が必要です。

　それ以外にも、**業務の延長として行われるような研修は、参加しないと業務に支障が生じるので、たとえ参加自由としたところで、雇用主による事実上の参加強制があったのではないかと評価されがち**です。たとえば、特に製造職などの場合、先輩従業員から指導を受けなければ、業務自体がまともにできないということがあり得ます。こういう場合、指導をするのも受けるのも、どちらも業務に必要不可欠で、指導する従業員、指導を受ける従業員双方が労働時間になることがあります。もっとも、そこまでやらくとも、勤務時間中のOJTで徐々にできるようになっていく、というような場合

で、早く一人前になりたいので、一人で練習をしたい、という申し出があったような場合にまで、練習時間が労働時間にあたる、ということにはならないでしょう。両者の違いは、**雇用主が事実上、そうした研修をさせざるを得ない状態にしているかどうか**、という点にあります。

　ところで、研修の中でも、最終的に試験が行われて、それに合格するためには、研修時間帯以外でも、相応の自習をしなければならないというようなものもあり得ます。特に、雇用主が参加するように命じた研修の場合、従業員によっては、こうした自習時間も必要になるのだから、労働時間としてみるべきだ、という主張が出てくるかもしれません。

　しかし、自習がどの程度必要になるかは、人によってまちまちであり、いつ、どこで、どの程度自習するかは、研修に参加する従業員が自分自身で判断して行うべきものです。雇用主が、いつ、どこで、どの程度自習すべきかを指揮命令するということは、通常は考えられません。ですので、**研修時間以外の自習時間は、通常は労働時間にはあたらず、給料の支払い対象とはならないと考えて良い**といえます。

実例でチェック

　Ｙ社では、**従業員が有用な資格取得に向けて、自習によるスキルアップができるよう、インターネット上に WEB 学習用の教材を公開して、受講を推奨**していました。ただし、いつ、どこで、どれだけ受講するかはそれぞれの従業員の自由に委ねられていました。

　一方でこの WEB 学習では、個々の従業員による進捗状況が、Ｙ社において適宜把握できるようになっており、従業員Ｘが所属する

部署のＡ課長は、WEB 学習修了程度のＢレベルを取得するよう、Ｘを含む他の部下に対しても、明示的に求めていました。

　Ｘは、Ｙ社が個々の従業員による WEB 学習の進捗状況を把握していることや、Ａ課長からも WEB 学習を修了することが推奨されていることから、WEB 学習をしなければ、査定の上で不利な取扱いを受けて、給料が減らされてしまうのではないかと思い、相当時間をかけて WEB 学習に取り組みました。

　Ｘとしては、WEB 学習をすることは、Ｙ社の指示によるものなので、当然、労働時間として給料の支払い対象になるべきだと考えていますが、Ｙ社はＸが WEB 学習をした時間について、給料を支払わなければならないでしょうか（参考裁判例：大阪高判平成 22 年 11 月 19 日労働判例 1168 号 105 頁［ＮＴＴ西日本ほか（全社員販売等）事件]）。

　Ｘの立場からすると、WEB 学習は自由だとはいうものの、Ａ課長から修了することを明示的に求められていて、Ｙ社でも進捗状況を把握されていたので、受講しないと不利な査定を受けるのではないかと思うことは、もっともだったともいえます。

　しかし、実際に不利な査定を受けたかどうかというと、実はこのケースでは、WEB 学習の進捗状況は、Ｘが心配していた給料の査定には何も用いられていませんでした。つまり、WEB 学習が推奨されてはいたものの、受講しなかったからといって、特に何か不利益があったわけではありませんでした。

　Ｘにしてみれば、実際はそうだったかもしれないけれども、雰囲気的に WEB 学習を受講しなければならないように思えたので、Ｙ社から事実上、強制を受けていたという考えだったのかもしれません。もし、Ｙ社がＸの感じ取った雰囲気のとおり、WEB 学習の進捗状況を直接的にせよ間接的にせよ、給料の査定などの人事考課に利用していたというのであれば、たとえＹ社が「推奨はしていたけ

れども、強制はしていない」と主張したところで通用しなかったことでしょう。

　このケースでは、こうしたWEB学習をすることは、WEB学習そのものを行うことではなく、有用な資格取得に向けての個々の従業員のスキルアップが目的とされていました。Y社としては、有用な資格取得を達成しさえすれば、特段、WEB学習にこだわる必要はなかったという事情もありました。そのため、Xだけでなく、他の従業員についても、WEB学習をどれだけやったか、ということ自体は何も評価の対象とはしていなかったというわけです。

　雇用主が研修に参加するよう従業員へ義務づけている場合、研修時間が労働時間にあたって給料の支払い対象となること自体は、わかりやすいことといえます。難しいのは、雇用主がハッキリと義務づけていないものの、従業員にしてみれば、参加しないと査定や人事考課で不利な取扱いを受けるのではないか、という心配をして、事実上、参加せざるを得ないと考える場合です。

　これは雰囲気の感じ取り方の問題なので、ある人は強制されていると受け止めるかもしれないし、別な人はそんなことは気にせずに参加が自由だというのであれば、参加をしない、という対応をとるかもしれません。まずは、**雇用主の対応それ自体が、よほど神経が図太い人でなくとも、参加が自由だと受け止められるかどうかということが、事実上、参加を強制されているかどうかという判断のポイント**となり得ます。その意味では、このケースでは、A課長から受講が明示的に推奨されており、進捗状況もY社に把握されているというのですから、これは受講しておかないと、査定や人事考課でマズいことになりそうだ、と思うのが通常の受け止め方だと思います。しかし、実際そういう扱いがされていたわけではないので、このケースでは結局、WEB学習の時間は労働時間とは認められませんでした。

　このように、**雇用主が受講自由としている場合であったとして**
も、従業員が受講しないと何か不利益があるかもしれないと思っ
て、事実上の強制を受けたと感じるような運用がなされていると、
トラブルになり得ます。結果的には、受講しなかったからといっ
て、何の不利益もなかったことから、雇用主が強制していたとはい
えない、という判断に落ち着きましたが、わざわざ役職者が受講を
推奨して、雇用主でも進捗状況を把握していたのに、全く評価に考
慮していなかった、ということの方が珍しいのではないかと思いま
す。

　研修を受講した従業員と受講しなかった従業員とでは、多かれ少
なかれ、普段の仕事ぶりにも違いが出てくることが考えられます。
もし、これらの従業員の査定上、結果的に研修を受講しなかった従
業員に低い評価をしたような場合、それは研修を受講しなかったか
らではなく、普段の仕事ぶりを評価した結果だと雇用主が主張して
も、通用しない可能性があります。実際の事例上、参加自由を貫け
ない雰囲気があった、ということだけでは、研修に参加する時間が
労働時間にあたるとは限らないとしたものがあるとはいえ、**参加自**
由とするからには、雰囲気的にも参加を強制されていると受け取ら
れないよう、配慮することが無難であるといえるでしょう。

Q12 変形労働時間制を採用したいのですが、どのようにしたらいいですか。

A12 法律や判例で求められている要件を「すべて」満たさなければならず、難度が高いです。

解決のポイント

　従業員に働いてもらえる時間は、1日8時間・1週40時間までとするのが原則で（労基法32条）、これを超えると時間外労働となり、割増賃金を支払わなければなりません（労基法37条）。ですが、業態によっては、繁忙期と閑散期の差が激しくて、6時間分の仕事しかない日もあれば、逆に10時間ほど働いてほしいという日もあり得ます。そんなとき、比較的仕事が少ない日は、所定時間を6時間として、余った2時間を忙しい日に繰り越すことができれば、効率的に働いてもらうことができますし、この結果、割増賃金も支払わないで済めば、こんな便利な制度はないといえます。

　実は、一定の期間内の1週あたりの労働時間を平均して、法律の定める週の労働時間（原則的に40時間）以内であれば、1日8時間・1週40時間という原則的な規制に縛られなくなるという仕組みが用意されています。これが**変形労働時間制**というもので、**1ヶ月以内、1ヶ月を超え1年以内、1週間単位の3種類を一定の期間として、その期間内で所定労働時間を融通しあうことができる制度**です。このうち、1週間単位のものは、小売業、旅館、料理店、飲

食店であって常時働く従業員が 30 人未満の事業にしか使えないので、あまり用いられていません。変形労働時間制というと、ほとんどが 1 ヶ月単位または 1 年単位で運用されています。

　これは便利な制度だ、早速明日から導入しよう、と思っても、そうはいきません。**1 ヶ月単位の変形労働時間制の適用を受けるためには、過半数代表と労使協定で取り決めを行うか、就業規則で「我が事業所は変形労働時間制を使います」ということを定めておかなければならないからです。1 年単位ともなると、就業規則での取り決めではダメで、過半数代表との労使協定の締結と労基署への届出が必要になります。**

　そんなことなら、手続きさえ済ませてしまえば、どうとでもなるように見えそうです。ですが、変形労働時間制を採用したことで、従業員の方が、いつ、どれだけ働かないといけないのか、予想がつかないものとして運用されてはならないとされています。そのため法律や判例で、**働かないといけない時間割のパターンを特定することや、変形期間が始まる前に、いつ、どれだけ働くかをすべて特定していることが求められています。これが実務的には難しく、その日になってみないと何時間働いてもらうことになるのか決められないであるとか、一旦、時間割を決めたけれども、事業所の都合であとから変更できるものだと、たとえ労組協定を結んでいたとしても、変形労働時間制は無効になってしまいます。**

　また、法律の定める労働時間を期間内で融通した場合、平均すれば、法律の定める週の労働時間は超えないはずです。この制限を超えてしまっても、やはり変形労働時間制は無効となってしまいます。加えて、1 年単位の変形労働時間制では、1 日 10 時間、1 週 52 時間、連続して労働させることができる日数は 6 日、期間内の所定労働日数は 1 年あたり 280 日が上限という原則的な縛りがあるので、ここからはみ出ても、やはり変形労働時間制は無効となります。

　このように、**変形労働時間制は、導入のための手続を守るだけで
は適法にはならず、その後の運用が法律や判例の求める要件の全部
を満たしていなければならず、そう簡単に採用できるものではない**
ので十分注意が必要です。

応用のポイント

　変形労働時間制は、事業所の立場から、残業代の抑制のために使
える制度だとして紹介されることが少なくありません。たとえば、
1日8時間・1週間5日の勤務日のうち、1日だけ6時間に所定労
働時間を短縮して、その分、他の1日を10時間働いてもらったと
いうような場合、通常であれば、他に6時間しか働いていない日が
あったとしても、10時間働いてもらった日は、1日8時間を超え
ていることには違いないので、2時間分は割増賃金の対象となって
しまいます。ところが変形労働時間制をきちんと適用して、1日の
所定労働時間を6時間の日と10時間の日とに振り分けて、他の日
と平均して1週40時間の範囲内におさまっているならば、10時間
働いてもらった日は、割増賃金の支払対象とはならないことが原則
になるのです。そういう意味で、変形労働時間制が残業代の抑制の
ために使えるという考え方は、間違いとはいえません。

　しかし、**変形労働時間制を導入しても、最終的にはその期間内を
通じて、週40時間の原則的な法定の労働時間内に収まっていなけ
ればならない**のですから、期間をならしてみれば、残業がないこと
が制度の大前提となっています。つまり、**変形労働時間制は、もと
もとは「残業がない」ようにすることを目指しているのであって、
最初から「残業ありき」という運用にはそぐわない仕組みなのです。**

　雇用主にとって最も都合が良いのは、一応、1日8時間を所定労

働時間としつつ、そこまで働かなかった日は、余った時間を貯めておいて、いざ8時間を超えて働いてもらう必要が出てきたときには、適宜、その貯めておいた時間を使い切るまで、残業が生じないという仕組みでしょう。ですが、従業員の立場からすると、事業所の都合で、早く帰っても良いと言われる日もあれば、残業代なしで遅くまで働くよう急に命令される日があっては困ります。**変形労働時間制は、この従業員の都合の方をとても重視しており、各週・各日の所定労働時間がどうなるのか特定することを求めている**のです（労基法32条の2）。このようなことができるのは、予め忙しくなる時期とそうでもない時期とがわかっている業態に限られますが、**もともと変形労働時間制自体、時期によって繁閑の差がハッキリしている業態で使うことを想定して用意されている**のです。

　どれほど忙しくなるのかを予測することが難しく、「**その日になってみないと、どれだけ働いてもらうかわからない**」というような

1ヶ月単位変形労働時間制　チェックシート

有効要件	確認項目	留意事項
☐ 労使協定または就業規則による規定	☐ 労使協定 （　　　年　　月　　日） ☐ 就業規則 （第　　条〜第　　条）	☐ 周知手続
☐ 変形期間（1ヶ月以内）およびその起算日	☐ 変形期間 （　　　　　　　　） ☐ 起算日 （　　　　　　　　）	☐ 賃金計算期間との整合性
☐ 変形期間の各日・各週の労働時間の特定	☐ 各日の特定方法 （　　　　　　　　） ☐ 各週の特定方法 （　　　　　　　　）	☐ 時短日がある場合にはその日の特定（☐　事後変更なし） ☐ 休業日が不定期である場合にはその日の特定（☐　事後変更なし）
☐ 変形期間の各日の始業・終業時刻の特定	始業・終業の特定方法 （　　　　　　　　）	☐ 具体的特定根拠 （☐　パターン制　　☐　その他） ☐ 変形期間を平均して1週間あたりの労働時間が法定労働時間を超えない

1年単位変形労働時間制　チェックシート

有効要件	確認項目	留意事項
□ 労使協定の締結・届出	□ 労使協定（　　　　年　　月　　日） □ 届出（　　　　年　　月　　日）	□ 従業員代表の選出方法 （□ 管理監督者外　□ 非指名制） □ 有効期間の定め （□ 協定と届出との整合性）
□ 対象労働者の範囲の特定	□ 対象（　　　　　　　　　　）	□ 全従業員を対象とする場合でも明記が必要
□ 対象期間（1ヶ月を超え1年以内）およびその起算日	□ 単位期間（　　　　　　　　） □ 起算日（　　　　　　　　）	□ 賃金計算期間との整合性
□ 特定期間の定め	□ 特定期間（　　　　　　　　）	□ 対象期間の相当部分ではないこと □ 特に業務が繁忙な期間との整合性
□ 対象期間における労働日及び当該労働日ごとの労働時間の特定	□ 労働日の特定方法（　　　　　　　　）	□ 連続日数6日 （□ 特定期間12日　□ 1週1日休日） □ 1年当たり280日以内 □ 事後変更なし
	□ 労働時間の特定方法（　　　　　　　　）	□ 1日10時間以内（□ タクシー隔日勤務者は16時間以内） □ 1週間52時間以内 □ 48時間超えの週は3週以下 □ 初日から3ヶ月ごとに区分して48時間を超える初日が3以下
□ 変形期間の各日の始業・終業時刻の特定	□ 始業・終業の特定	□ 対象期間を通じて始業・終業時刻を特定 □ 総枠制の場合 　□ 最初の期間について労使協定で明記 　□ 各期間初日の30日前までに過半数代表の同意を得て書面で特定

業態の場合、毎日の所定労働時間を変形期間が始まる前に特定すること自体が不可能ですから、変形労働時間制を適法に導入すること自体ができません。もっとも、「その日にならないとわからない」というのはさすがに極端で、毎日の勤務時間が一定ではない事業所であっても、シフト表を作成することで、どこかのタイミングで毎

日の勤務時間を特定して従業員に告知している例が少なくないと思います。このようなシフトによる特定がなされていて、変形期間が始まる前に行われてさえいれば、問題がないといえそうです。

　ですが、だいたいどれぐらいの時間働かなければならないのか、シフトが特定されるまでは全く予想がつかないとあっては、従業員の方も気が気ではありません。そのため、このようにして**月ごとにシフトを作成する必要がある場合でも、全ての始業及び終業時刻のパターンとその組み合わせの考え方、シフト表の作成手続及びその周知方法等を定めておくことが必要**とされています（昭和63年3月14日基発150号）。こうした定めを全く置かないまま、変形労働時間制を運用すると、たとえ導入のためのきちんとした手続をとっていて、シフトによって毎日の所定労働時間自体は特定できていても、やはり変形労働時間制は無効となってしまうのです。変形労働時間制を正しく運用するためのチェックリストを用意しましたので、参考にしてみてください。

実例でチェック

　鉄道会社であるY社では、1ヶ月単位の変形労働時間制が採用されており、変形期間が始まる毎月1日に先立って、前月25日までに1ヶ月間の勤務日と勤務時間が指定されていました。ところがこのY社では、就業規則において、**「業務上の必要がある場合は、指定した勤務を変更する」という定め**が置かれており、**一旦、勤務日と勤務時間を指定した後でも、Y社の都合で、これを変更する**という運用もあわせて行われていました。

　Xは運転士としてY社で働いており、一旦、Y社から勤務の指定を受けた後、いくつかの日程について、変更すると伝えられたの

で、これに従って勤務をしました。そうして給料日になったところ、Ｙ社は変更後の勤務時間は、どれも所定労働時間という前提で特に残業代の支払対象としませんでした。

　これに対して**Ｘは、一旦、特定された勤務日と勤務日を後から変更することはできないはずだと主張して、変更後の勤務時間は、もともと予定されていなかった労働時間、つまりは時間外労働だと主張して**、その分の割増賃金の請求をして訴えを起こしました。はたして、事業所が一度特定した勤務日や勤務時間は、変形労働時間制の下ではもはや変更できないものなのでしょうか（参考裁判例：広島高判平成 14 年 6 月 25 日労働判例 835 号 43 頁［JR 西日本（広島支社）事件］）。

　このケースでは、1 ヶ月単位の変形労働時間制を採用することや勤務日となる日の所定労働時間が何時間となるかが就業規則に定められていましたので、制度を導入するための大前提はクリアーしていました。運用面においても、毎月 25 日までに、以降の勤務日と勤務時間がどうなるのか、従業員に対して個別に指定する方法が守られていましたので、そこまではＸも特に問題視はしていませんでした。

　もし、就業規則の定めがなかったり、そもそも勤務日となる日の所定労働時間が何時間になるのかも何も定められていないようであれば、入口からして、変形労働時間制を採用するための要件が満たされていないことになります。また、就業規則上の定めはあっても、実際の運用が曖昧で、変形期間が始まるまでに期間内の勤務日と勤務時間が指定されていないような状況であっても、各日・各週の労働時間の特定ができていないことになるので、変形労働時間制の適用はできなくなってしまいます。

　では、一度特定した勤務日や勤務時間を雇用主の都合で後から変更することはできるのでしょうか。もしこれが無制限に認められる

とすると、極端な場合、とりあえず何でも良いから特定をしておいて、あとから適宜で変更をすれば良いということになります。しかし、**雇用主が業務の都合によって任意に労働時間を変更できるような制度では、特定とは名ばかりで、全く特定したことにならないこ**とは常識的に理解できます（昭和63年1月1日基発1号）。**こういう方法がとられていては、結局、変形労働時間制が求める労働時間の特定自体がないものとして、制度の適用自体ができなくなり得ます。**

　もちろん、最終的にいつ、どれだけ働いてもらうかは、雇用主が業務の都合によって決めるべきことですが、それでも従業員にある程度の心の準備はできるようにする必要があるというのが変形労働時間制の考え方です。それゆえ、**月ごとにシフトを作成する必要がある場合でも、全ての始業及び終業時刻のパターンとその組み合わせの考え方、シフト表の作成手続及びその周知方法等を定めておき、実際に変形期間が始まる前に具体的に特定することが必要とされ**ているわけです。

　もっとも、いついかなる場合でも、一度特定した以上は、勤務日や勤務時間を変更することはできないかというと、そうとはいえません。たとえば、災害や事故が発生したり、急に他の従業員が休むことになって人員が足りなくなった場合などにも、勤務日や勤務時間を変更することができないとなると、事業が回せなくなることさえあり得ます。こうした**業務上のやむを得ない必要がある場合に限定的かつ例外的措置として行う限度では、一度特定した勤務日や勤務時間であっても、変更が可能**と解釈すべきでしょう。このケースの裁判例もそのように判断しており、実務上もそうした極めて例外的な必要性に基づく勤務日や勤務時間の変更があったとしても、労働時間の特定がなかったことにはならないと解釈されています。

　とはいえ、**このケースでは業務上の必要がある場合に幅広く、変**

更が認められることとされていました。**これでは運用如何によっては勤務日や勤務時間を特定した意味がなくなりかねません。**こういう定めを置いたとしても、一度特定した勤務日や勤務時間を変更することはできないということになります。変更があり得ることを定めるのであれば、本当にどうしようもないほどの業務上やむを得ない場合に限定しなければなりません。**単にその方が都合が良いからという程度での変更は認められないだけでなく、あまりに変更が多すぎるようであれば、そもそも特定の要件を欠いて、変形労働時間制そのものの適用自体が認められないことにもなりかねないので運用には十分注意が必要です。**

Q13 残業代の計算が面倒なので、固定残業代の支払いで済ませたいのですが、注意することはありますか。

A13 固定残業代として認められるためには「要件」があるので、制度設計に注意が必要です。

▶ 解決のポイント

　残業代を正確に計算するためには、従業員がどれだけの時間働いたか、個別に毎日１分単位で集約しなければなりません。その上で、残業代と一口に言っても、平日と週１回の法定休日とでは、割増率が違っていますし、「残業」になるかどうかにかかわりなく、深夜・早朝の時間帯には、割増賃金を支払わなければなりません。しかも、所定労働時間が８時間未満の場合には、いわゆる法内残業と法外残業の区別も出てきます。これらを全部手作業で行うためには、大変な労力が必要になります。

　そこでこの際、**あらかじめある程度の手当を基本給とは別に支払っておいて、残業があろうとなかろうと、その支払いをもって、残業代の支払いに充てようという方法**がよくとられています。これが固定残業代（定額残業代ともいいます）というもので、**要件さえ満たせば、適法な残業代の支払方法として認められる**ことになります。問題は、その「要件」がなかなかに厄介だということです。

　ある手当を残業代に充てるためには、雇用主と従業員との間で、そうすることの共通認識がなければなりません。万が一、従業員と

の間でトラブルになったとき、「暗黙の了解があった」という主張は全く通用しません。**その手当が残業代だということを賃金規定等できちんと定めて、雇用主と従業員との間の契約内容になっていることが証明できるようにしていなければなりません。**

　では、賃金規定等に定めておけば良いかというと、それだけでは安心することができません。規定の仕方が良くないと、その手当が残業代だということが、契約内容になっているとはいえないとされてしまう場合がるからです。ハッキリと「残業代だ」と書いていない場合はもちろんですが、そのように書いてある場合でも、**その手当に残業代とは別の趣旨を含めてしまうと問題になりかねません。**

　たとえば、ある仕事をしたことや、一定の職務に就いている人に支給している手当に固定残業代としての意味合いも兼ねさせているような場合を考えてみてください。その仕事は、残業時間にしかないものでしょうか。もし、**所定時間内にもその仕事があるのならば、その手当には所定時間を働いた分に対する給料としての意味合いも混じっていると評価されかねません。** そうすると、「この手当は、残業代だ」と規定してみたところで、どこまでが所定労働時間を働いた分の給料で、どこからが残業代なのか、区別ができないことになってしまいます。こうした区別ができないような手当は、固定残業代として認めてもらえなくなります。**固定残業代は、所定労働時間を働いた分の給料と明確に区分されて支払われるものでないと、残業代の支払いがあったものとは認められない**ということになるのです。

　固定残業代が固定残業代として認められないということになると、当然、残業代が支払われていないということになります。それだけでなく、これが残業代でないのなら、結局、所定時間を働いた分に対する給料だと評価されることになるので、固定残業代のつもりで支払っていた手当分も全部、残業代を計算するための1時間あ

たりの単価にも含めなければならなくなります。こうなってしまうと、感覚的には、残業代を二重に支払うようなことになってしまい、しかも1時間あたりの単価も上がってしまうので、どうかすれば三重払いに近いような状態にもなりかねません。**固定残業代は、制度の設計を間違うと、莫大な額の残業代支払いリスクにつながりかねないので、制度設計には十分注意が必要です。**

そもそもの話では、固定残業代を採用したとしても、残業代はそれだけで「払いきり」になるわけではありません。もし、**法律の定めに基づいて正確に計算した額が、固定残業代の額を上回っていたならば、差額を追加して支払わなければならない**からです。そうすると結局、こうした差額を支払わなくても大丈夫かどうかを確認するため、どちらにしても、法律の定めに基づいた残業代の計算は必要になるのです。**面倒な残業代計算は、固定残業代を採用してもなくなるものではありません。**

応用のポイント

何時から何時まで、何曜日に出勤しないといけないかは、労働契約の基本的な内容として、必ず定めなければならないことがらです。ここで定まった通常の労働時間を超えて働いた場合や、深夜・早朝時間帯（午後10時から午前5時までの間）に働いた場合には、最低限、法律の定める割合での割増賃金を支払わなければなりません（労基法37条）。裏を返せば、法律の定める割合で計算した額を下回らないのであれば、定額で残業代を支払うという方法もあり得るということになりますので、**実務的には、固定残業代そのものが違法だという議論はありません**（最判平成29年7月7日労働判例1168号49頁［医療法人社団康心会事件］）。

　もっとも、固定残業代が法律の定める割合で計算した額を下回っていないかどうかを確認するためには、支払われている給料のどこまでが通常の労働時間分の給料で、どこからが残業代かが明確に区分されていないと検算のしようがありません。たとえば、契約書にも就業規則にも何も定めがなくて、「我が社の給料は、残業代も全部込みだ」といわれても、雇用主が支払ったとする残業代の額自体がわからないので、検算も何もあったものではないということになります。それゆえ、**固定残業代が有効となるためには、通常の労働時間分の給料と残業代分とが明確に区分して判別できなければならない**とされているわけです。

　さすがに何の定めもなく、「残業代も込みだ」というのは言い過ぎですが、**根拠さえ置いておけば良いかというと、そうとも言い切れません。**たとえば、営業職の従業員に限定して、営業手当なるものを支払ったとします。賃金規定で「営業手当は、割増賃金として支払う」と規定したとしましょう。営業は当然、所定労働時間内にも行われるわけですから、「営業」の手当だというのであれば、そこには「所定労働時間内に行った営業」分の手当も含まれているといえないわけではありません。一方で、営業職以外には、割増賃金の趣旨で残業手当を支払うけれども、営業職にはこの残業手当を支払わない、その代わりに、営業手当を支払う、というような規定を置いていれば、なるほどこの営業手当なるものは、残業手当の代わりだな、という余地も出てくるでしょう。このように、この手当が**固定残業代だといえるためには、それが時間外労働や深夜・早朝労働の対価として支払われているといえなければならず、最近の裁判例では、ここが問題となることが少なくありません。**

　固定残業代が有効となるための要件として、通常の労働時間分の給料と明確に区分して判別できなければならないということを**明確区分性の要件**、時間外労働や深夜・早朝労働の対価として支払われ

ていなければならないということを**対価性の要件**ということがあり
ます。もっとも、ある手当が時間外労働等の対価であることをきち
んと規定することは、必然的に通常の労働時間分の給料との区分に
もつながります。この2つの要件の位置づけをめぐっては、実務上
も様々な解釈がありますが、**固定残業代の採用を検討する場合に
は、これが時間外労働等の対価であるという、対価性を意識した制
度設計を重視すべき**です。

　具体的には、**ある手当を固定残業代とするためには、その手当に
時間外労働等の対価以外の趣旨を混ぜないということがまずもって
重要**です。そうしたからといって、必ず固定残業代が無効となるわ
けではありませんが、他の趣旨を混ぜてしまうことで、その手当に
は所定労働時間の給料分も含まれていて、残業分と区分がしにくく
なるので、無効となるリスクを相当に伴います。したがって、固定
残業代を導入する際には、その全部が残業代だといえるような設計
をすべきだといえます。

　またそもそも**残業代という制度があるのは、長い時間働くと、そ
の分、支払う給料が増えてしまうことになるので、そうしたくない
のであれば、雇用主の側で長時間労働を抑制するようにという趣旨
にあるというのが裁判例の定まった考え方**です。雇用主としては、
残業は避けられないけれども、どうにかして残業代は抑えたいと思
うところですが、これを実現すること自体、対価性が否定されるリ
スクを伴います。たとえば、残業代が増えた分だけ別の手当を減ら
して、トータルとしての給料の額は変わらないようにする、という
仕組みなどがこれに当たります（最判令和2年3月30日労働判例
1220号5頁［国際自動車（第2次上告審）事件］）。

　ここまで極端な方法ではなくとも、たとえば、**固定残業代が何時
間分の残業代に当たるかを試算した場合に、月何十時間もの残業を
想定している結果になるという場合には要注意**です。もともと残業

は、月45時間までというのが法律上の原則的な上限ですし（労基法36条4項）、80時間を超えると過労死ラインであるともいわれています。もしこれほどの長時間に対応するような固定残業代を設定した場合には、本来は基本給として支払うべきものを、見かけの給料を高くしつつ、かつ、残業代は抑制しようという意図があるのでは、と疑われてしまいかねません。固定残業代で想定している残業時間が長すぎると、必ず対価性が否定されるというわけではありませんが、**どれだけ長くとも、法律上の上限である月45時間を超えた額として設計すべきではなく、実際の残業の程度のあわせた額として設定しておくようにすべきです。**

実例でチェック

　Y社で働いていたXは、毎月の給料として56万2,500円を受け取っていました。この給料の内訳については、当初の採用条件通知書では、「月額給与46万1,500円」、「業務手当10万1,000円　みなし時間外手当」といった記載があり、雇入後に取り交わされた雇用契約書にも、「月額56万2,500円（残業手当含む）」、「給与明細書表示（月額給与46万1,500円　業務手当10万1,000円）」との記載がありました。加えて、Y社の賃金規程には、「業務手当は、一賃金支払い期において時間外労働があったものとみなして、時間手当の代わりとして支給する」という定めが置かれており、Y社としては、こういった記載をふまえて、10万1,000円が固定残業代にあたると考えていました。

　ところがXは、こういう記載だけでは、結局、10万1,000円の業務手当が**何時間分の残業代に相当しているのかわからず、法律の定めている割合を下回らない額として残業代が支払われていることが**

確認できないので、**固定残業代の定めとしては無効である**と主張して訴えを起こしました。はたして、Y社がXに対して支払っていた業務手当は、固定残業代として認められるでしょうか（参考裁判例：最判平成30年7月19日労働判例1186号5頁［日本ケミカル事件］）。

　法律は、残業代として支払わなければならない最低限の割増賃金の計算方法を定めている一方で、必ずその計算方法で支払うことまでは求めていません。そのため、法律に定められた方法で計算した残業代の額を下回らない金額が支払われるのであれば、固定残業代という方法を採ること自体は認められています。もし、**固定残業代の額が、法律に定められた方法で計算した残業代の額を下回っていた場合には、差額を支払わなければならない**ので、固定残業代を採用していたとしても、結局、法律に定められた方法で計算した場合の残業代の額がいくらになるのかは、確認しなければなりません。今回の例のXは、業務手当が固定残業代であったとしても、それが法律に定められた方法で計算した額に不足がないかどうかがすぐにわからないという点を問題にしているものです。

　なるほどXがいうように、固定残業代にあたる手当が何時間分の残業代を想定しているのかが明記されていれば、そこで想定されている時間を超えて残業すれば、不足があるということになるので、とてもわかりやすいといえるでしょう。しかし、通常の労働時間分の給料と固定残業代とが区分できていれば、その残業代が何時間分か明記されていなくとも、通常の労働時間分の給料を基準として、法律の定める計算方法に基づいた残業代の額を計算すること自体はできるはずです。その額と固定残業代とを比較すれば、それが何時間分に相当するのかの明記がなくとも、残業代の不足の有無は確認できます。**固定残業代が何時間分の残業代に相当するかを明記することは、固定残業代の有効要件とまではいえないでしょう**（かつ

て、これが要件になるかのような見解を示した例として、最判平成24年3月8日労働判例1060号5頁［テックジャパン事件］の櫻井裁判官補足意見があります）。

　では、実際問題として、Y社において、**業務手当の額が法律に定められた方法で計算した残業代の額を下回っていないかどうかが確認されておらず、そもそも差額を支払うという仕組みがなかった場合**はどうでしょうか。固定残業代は、法律に定められた方法で計算した額を下回らないからこそ、有効だと考えられるので、差額の支払いをする仕組みがないことは、Y社が**きちんと残業代を支払う考えを持っていなかったのではないか、つまりは業務手当が残業代というのも名ばかりで、実質的には残業との対価性がないのではないか、という疑いが生じる余地**があります。この事例でも、高裁においては、Xが残業代の不足の有無を確認してY社に請求できる仕組みがないことを理由に、業務手当が固定残業にあたるとしたY社の主張が否定されていました。

　しかし、ある手当が残業の対価として支払われているかどうかは、雇用主と従業員との間の労働契約の解釈問題です。実際に差額が支払われているかどうかは、本来支払うべきものが支払われていないという問題はあるものの、必ずしも、契約の解釈そのものに関わるものとはいえません。この事例では、**ある手当が残業の対価として支払われているかどうかは、雇用契約書等のほか、従業員への説明内容、実際の労働時間等の勤務状況などの事情を考慮して判断すべきである**として、Y社が**法律上の計算方法に基づく残業代の額と業務手当の額との比較をきちんとしていなかったとしても、それだけで業務手当が固定残業代でなくなるわけではない**としました。

　ちなみにこの事例では、Xが実際に勤務した時間をふまえて法律上の計算方法に基づく残業代の額を計算したところ、業務手当の額とそれほど大きな差が出ているわけではありませんでした。もしこ

れが実態とかなり食い違っていた場合には、業務手当が固定残業代とは名ばかりだ、との判断がなされていてもおかしくありません。
何時間分の残業を想定しているかを明記することは、固定残業代の有効要件ではありませんが、**従業員の勤務の実情に沿った額として設計し、法律に定められた額を下回っていないかを確認した上で、不足があれば、その都度、差額を支払うという運用を行うことが望ましい**といえます。

Q14 管理職にも残業代を支払わないといけないのですか。

A14 法律上の「管理監督者」に当たらない限り、管理職にも残業代の支払いが必要です。

解決のポイント

　役職が付いて管理職になった場合、残業代が支払われないルールになっている、というお話はよく耳にするものです。どういう役職が付けば管理職になるのかは、職場によってまちまちですが、おおむね課長級以上をいい、部長職ともなると、ほとんどの職場で管理職として扱われているのではないでしょうか。管理職ともなれば、従業員であると同時に、程度の違いはあるものの、経営側に近い立場となります。経営者であれば、事業の維持はもちろん、さらに成長させていくために責任を負っているので、所定時間だけ働いておけば良いというわけにはいきません。ですので、1日8時間、週40時間という労働基準法上の原則となっている労働時間を超えて働いたからといって、残業代が支払われるというものではありません。**管理職に残業代が支払われないというルールは、「経営側の一員となった以上、経営者と同じように責任感を持って働く必要がある」という考え方が根本にあるといえます。**

　なるほど、経営者には所定労働時間という概念自体がないといえます。しかしこれは、「何時間働いたらそれで十分」という上限が

ないことの裏返しとして、「何時間働かなければいけない」という下限もないということを意味します。「残業などという概念はない」と言っておきながら、「最低限、ここからここまでの時間は働かなければならない」と義務付けることは、いかにも都合が良すぎます。

　また、経営に責任を持つのは、自分で決めた経営事項だからこそのことです。決定権のないことがらについて、経営者と同じ責任を持てというのも無理な話です。そして責任を持たされるというのであれば、給料面においても相応の待遇がなければ、モチベーションも保てないというものです。

　こうして考えると、「管理職だから」という理由だけで、残業代を支払わなくても良いという理屈には、合理的な説明が付きません。少なくとも、**名実ともに経営者と同じといえるような立場にある管理職でないと、残業代を支払わないでも良いといえるだけの根拠自体がないのです。**

　法律的には、**監督又は管理の地位にある者には、労働基準法上の労働時間や休憩及び休日の定めが適用されない**とされています（労基法41条2号）。このような地位にある者を「管理監督者」といいます。**管理監督者にあたるかどうかは、課長や部長といった形式的な「役職」ではなく、経営者と一体的な立場にあるといえるかという、実質的な観点から判断**されます。一般的には、課長級に与えられている経営上の権限はほとんどありませんし、部長級になっても、自分自身の判断が職場の経営方針を左右するという立場にはない場合が多いでしょう。「管理職」であったとしても、法律上の「管理監督者」に当たらない限り、**残業代の支払いは必要**になります。

応用のポイント

　労働基準法では、労働時間は1日8時間、週40時間までで、休憩時間をきちんと定めて、一週間のうちに最低1日は休みを設けることが原則となっています（労基法32条、34条、35条）。しかし、経営者にはそういう制限はないので、時間や曜日に関係なく働かなければならないこともありますし、休憩もままならないということもあるでしょう。世の中には、なんでも一人でこなしてしまうという、超人的な経営者もいますが、誰でもそんなことができるわけではありません。ある程度のことは、従業員に相応の役職を与えて任せる必要がどうしても出てきます。

　経営者の立場からすると、**現場を任された従業員は、いわゆる管理職として、ある程度、経営者と考え方を共有して、事業を営むという観点から働いて欲しい**というものです。もちろん、経営者そのものではなく、従業員であることには違いないのですから、あらゆる場面で経営者と同じように考え、同じように行動することを求めることはできません。それでも、忙しいときには率先して現場を回して欲しいですし、そのためには**労働時間や休憩・休日の定めに縛られず、残業という概念なしに働いてもらうことができればとても都合が良い**といえます。よく「管理職には、残業代がない」ということがいわれることがありますが、おそらくこういう考え方が背景にあるのだろうと思います。

　実は**法律上も、「監督若しくは管理の地位にある者又は機密の事務を取り扱う者」**については、労働基準法上の労働時間、休憩及び休日に関する規定が適用されないこととなっています（労基法41条2号）。労働時間等の規定が適用されなければ、**「残業」という概念自体がなくなるので、残業代も当然に支払対象外となります**。管

理職に残業代を支払わないという方法は、この規定を根拠にして採用されているといえます。管理職が当然に「機密の事務を取り扱う者」に当たらないことは、感覚的にわかることです。一般的にいわれる「管理職」は、多かれ少なかれ、「監督若しくは管理の地位にある者」といえるので、これに該当することには何の問題もないと思われるかもしれません。しかし、**こういう地位にあるといえるためには、「多かれ少なかれ」管理又は監督にあたっているという程度では足りないと解釈されており、実際には管理職であっても、この「監督又は管理の地位にある者」すなわち「管理監督者」にあたるといえる者はかなり限られている**のです。

　管理監督者が労働時間等の規定の対象外とされるのは、こういう立場にある者が、経営者的な立場にあるためです。一方で管理職は、事業主の立場からすると、多かれ少なかれ、経営的な観点を持って欲しいとは思うものの、本質的には従業員なので、すべての場面において経営者と同じようにふるまえとはいえない者もあるでしょうし、逆に積極的に経営に参画すべき立場にある者もあるでしょう。**一口に管理職といっても、どこまで経営者的な立場にあるかにはかなり差があり、同じ名称の役職であっても、職場によって実質的な権限や責任の程度もまちまちです。**そのため、たとえば「部長以上であれば管理監督者である」というような、形式的な役職での割り切り方はできず、法律上の管理監督者といえるかどうかは、**「労働条件の決定その他労務管理について経営者と一体的な立場にあるものの意である、名称にとらわれず、実態に即して判断すべき」**とされています（昭和22年9月13日基発第17号）。

　より具体的にいうと、経営者と一体的な立場にあるといえるためには、**まずその職務内容が経営上の重要な事項に関わるものであることが必要**といえます。たとえば、人事労務は経営上の重要事項といえますから、従業員の採用・解雇や人事考課、労働時間管理など

について責任を有している場合には、経営者と一体的な立場で職務を担っているということができます。

　もっとも、こうした職務を担っていたとしても、決定権限が限られている場合には、経営者的な立場というよりは、経営者の指揮命令に従うべき従業員的立場にあるといえます。**こういったことがらについて、大きな決定権を有していないことには、経営者と一体的な立場にあるとは認められず、管理監督者にあたるとはいえません。**

　また、労働時間等の規制の対象外というからには、雇用主側から「このように働くように」という指示や命令を受けないものでなければなりません。管理職である以上は、部下の働きぶりを監督指導する必要があるので、他の従業員と全く重ならない時間帯で働いていては、役目が務まりませんが、だからといって、始業時刻や終業時刻を厳しく規制していては、結局、経営者と同じように臨機応変に働くことができなくなります。**勤務時間が雇用主によって厳格に規制されている場合には、経営者と一体的な立場にあるとは認められないことが多い**といえます。

　さらに裁判例上は、待遇面においても、こうした職責を担わせるのにふさわしい給料を伴っているかということも考慮されます。もし、ある従業員が管理監督者であると評価されれば、いわば残業代なしで長時間労働も余儀なくされることもあり得ますが、かたや職責を伴わない従業員に残業代が支払われて、職責を伴う管理監督者に残業代が支払われないことによって、給料が見合わないことになってはいかにも不合理です。経営者と全く同待遇で、とまでは求められませんが、**実際に必要となる労働時間や職責の重さに比較して、他の従業員との差が小さく、あるいは経営者との差が大きすぎる場合には、ふさわしい待遇が与えられていないことを理由に、管理監督者にはあたらないと判断されることが少なくありません。**

　このように、職制上は管理職であっても、①経営上の重要な職務を担っていること、②その職務についての責任と権限を有していること、③労働時間等について、厳格な管理を受けていないこと、④これらの職責を担うのにふさわしい給与面での待遇を受けていることなどが満たされないと、法律上の管理監督者にあたらないと評価されます。そうすると、労働時間等の規定の適用を除外する法的な根拠がなくなってしまいますので、残業代の支払いが必要になります。これらの要件を満たす管理職は、ごく限られており、肩書きだけでは判断できないものの、課長級程度ではほぼ満たされることはないといえるでしょう。部長級であったとしても、権限の程度や勤務実態及び給料の条件が充実していない限り、実務的には管理監督者と認められる範囲は狭いといえます。

　なお、労働基準法は「労働時間」と「深夜業」とを区別して扱っています。管理監督者には、労働時間についての規定は適用されませんが、深夜業についての規定は、他の従業員と同様に適用されます。そのため、**管理監督者にあたる管理職であったとしても、早朝深夜労働にあたった場合には、割増賃金の支払いが必要になります**（最判平成21年12月18日労働判例1000号5頁［ことぶき事件］）。また、当然のことながら、**有給休暇についても適用除外とはなりません**ので注意が必要です。

実例でチェック

　Xは、Yが経営する音楽専門学校で部長職を務めていました。Xは、新たに雇い入れる従業員の採用面接に立ち会ったり、人選に関与していたほか、人事考課も行い、日常的な経理も担っていました。しかし、従業員の採否や人事考課の結果、従業員の給料をいく

らとするかについて、**Xが決定権を有していたわけではなく、経理についても、多額の出費についてまで、Xが独断で行うことができるということまでは明確には定められていませんでした。**

　Xは、これまでの間、Yの所定労働時間を前提に勤務しつつ、必要に応じて残業をしており、この分に対してはYから残業代も支払われていました。ところがYは、給与体系を変更して、Xは実際には労基法上の管理監督者にあたるので、これまで支払った残業代は、払う必要がなかったなどと主張して、Xに対して、その返還を求めました。Yの主張は認められるのでしょうか（参考裁判例：東京高判平成17年3月30日労働判例905号72頁［神代学園ミューズ音楽院事件］）。

　部長職というと、多くの職場で、日常的な業務をどうするかについては、その部署の現場レベルでは最終的な決裁権者となることが多いといえるでしょう。従業員からしてみれば、部長はほとんど経営側の人間ということになり、自分たちと同じ従業員であるという意識も乏しいかもしれません。

　しかし、それはあくまでも日常的な業務についてのことで、職場全体の経営を左右する重大な事項についてまで、決定権があるかというと、そこではやはり従業員としての側面が出てくることでしょう。**日常的な業務は、大きな経営方針の枠組みの中で行われるものであって、その内容を変更したり、新たに定めることの権限があってはじめて、経営上の重要な事項の決定というのにふさわしいといえます。**たとえば取締役を兼ねる部長職の場合には、経営方針そのものの決定権もあるかもしれませんが、そういう地位にない部長職がそこまでの権限を持っていることはあまりありません。

　どういう従業員をどのタイミングで雇用するかは、今後の経営戦略に関わることですので、こういったことがらについての決定権を有していることは、経営者との一体性を根拠づける理由になり得ま

す。しかし、この事例のXのように、面接に立ち会ったり、人事考課を行っていたとしても、**最終決定は事業主に委ねられていたというのでは、大きな経営方針の中での日常的な業務遂行の域を出ないので、経営者と一体であったとまではいえないでしょう。**

　また、経理についても、日常的な金銭支出に関する程度のことであれば、事業主から財布を預けられているという次元のことにとどまります。裁判例上も、経理面で経営者と一体であったといえるためには、経理を一手に掌握していたり、金額が多額に及んだ場合でも、自分の判断で入出金できたなど、職場の財政に関わる程度の権限を持っていたことまでが求められる傾向にあります。

　またこのケースでは、Xはもともと、所定労働時間を前提に勤務していたのですから、労働時間についての裁量がなかったこともポイントとなります。もともと管理監督者に労働時間等の規定が適用されないのは、その職務や責任上、所定労働時間にとらわれずに職務にあたることが必要な地位にあるからで、所定労働時間に拘束されることは、そういう地位と矛盾してしまいます。そのため**裁判例上は、タイムカードで出退勤の管理がなされているようなケースは、労働時間についての裁量がなかったとして、管理監督者であることを否定する方向で判断がなされる可能性がとても高いといえます。**

　もっとも、管理監督者も従業員であることには違いがないので、雇用主は主に安全衛生の観点から、どれだけ働いているのか、労働時間を把握する義務があります。ですので、タイムカードで時間管理をしているということそれ自体が、管理監督者であることを否定する要素には本来なり得ないはずです。また、始業時刻と終業時刻は、職場の営業時間とも重なることが普通ですから、労働時間について裁量がある場合でも、所定労働時間を中心に働くことが合理的なので、あたかも始業時刻や終業時刻に縛られているかのような勤

務実態であったとしても、結果的にそうなっているだけだということもあり得ます。ですがもし、**遅刻や欠勤を欠勤控除の対象にでもしていれば、それは結局、始業時刻や終業時刻に拘束させていたことになります**ので、このような主張をしたところで通用しないことになります。

　加えて裁判例上は、こうした職責や勤務実態だけでなく、残業代がなかったとしても、実労働時間や職責に見合うだけの給料面での待遇がなされていたかという点も重視されます。このケースでは、もともとは残業代が支払われていたのにそれを返せというのですから、十分な待遇がなされていたとはいえません。どこまでの待遇がなされていると、十分といえるかは、ハッキリした基準はありませんが、少なくとも、**重い職責を担っているはずなのに、同じ時間だけ働いた他の従業員に残業代が支払われた場合の給料と大して変わらない程度では、十分な待遇があったとは認められないでしょう。**

Q15 年5日の有給休暇付与義務があるそうですが、他所の雇用主はどうやって対応しているのですか。

A15 「計画年休」という仕組みを活用して対応している例がよくあります。

解決のポイント

　年次有給休暇は、従業員がある程度働き続ければ、法律上、当然に与えられる権利です。有給休暇は従業員の権利なので、**いつ、どういうタイミングで、どれだけの期間、有給休暇を取るかは、従業員の全くの自由**です。時々、有給休暇を取るために「理由」を書かせるという運用を見かけますが、どういう理由でも、取りたいというのであれば取らせなければならないというのが有給休暇の制度です。もし、**理由によっては有給休暇の取得は認めない、という運用がなされているようであれば、いつ労基署からお叱りを受けてもおかしくありません。**

　とはいえ我が国では、他の人が働いているのに自分だけが休むというのは、何となく後ろめたいという風潮があるようで、厚労省が毎年実施している就労条件総合調査によれば、平成20年代の有給休暇の取得率は、平均で50％を下回るといった状況にあったといわれていました。給料をもらって休めるものなら、本音のところでは、是非休みたいといえるでしょう。誰に何と言われようと、有給を全部使い切る人がいる一方で、全然使わないという人がいるとい

うのも、なんとも不公平な話です。

　ともあれ、平成31年4月からは、**法定の年次有給休暇が10日以上ある従業員に対しては、毎年5日以上を取得させることが、雇用主の義務**となっています（労基法39条7項）。これは雇用主の義務なので、従業員が自主的に5日以上の有給休暇を取得していない場合には、雇用主側でどうにかして年度内に従業員自身が取得した分とあわせて、5日以上を取得させなければならないというわけです。

　本来、有給休暇は従業員の権利なので、5日以上取得させることが雇用主の義務になったとはいえ、原則的には、いつ、どういうタイミングで、どれだけの期間取得するのかは、まずは従業員自身が自主的に決められることです（労基法39条5項本文）。例外的に、「事業の正常な運営を妨げる場合」には、雇用主が主導して別の時季に変更することができますが（同条但書）、解釈上、この**時季変更権が認められる場合はとても狭く理解されているので、「今は忙しいから」という程度の事情では認められないと理解しておかなければ、後々、思わぬトラブルになりかねません。**

　しかし、もともと我が国では、有給の取得率がさほど高くないわけですから、全部を従業員の自主性に任せていては、かえって雇用主が義務を果たせないということにもなりかねません。そこで法律は、有給休暇を自主的に取得しない従業員には、雇用主が主導して有給休暇を実際に取らせることができるように制度を用意しているというわけです。典型的なのは、**「この日を有給で休むように」と雇用主から指定するという時季指定という方法**です。この方法をもれなく活用すれば、雇用主としての義務は確実に果たせるでしょう。ですが、従業員全員の有給取得状況を把握して、適宜のタイミングでこうした指定を行うことは、かなり面倒です。しかもこの**時季指定は、雇用主が主導して行えるとはいっても、従業員の意見を**

尊重しなければならないとされていて（労基法施行規則24条の6）、意見を全く聴かずに雇用主が勝手に時季を指定できるわけではないので、実際には使い勝手が悪いものです。

　そこで実際には、従業員ごとに有給休暇の取得日を指定するのではなくて、**部門や班別で一斉に有給休暇を取得する時季を定めるという、年次有給休暇の計画的付与（計画年休）という制度**がよく活用されています。これは、**従業員の過半数が加入する労働組合がある場合にはその労働組合と、そういう労働組合がない場合には従業員の過半数を代表する者（従業員代表）と労使協定を結ぶことで導入することができます。**

　もっとも、有給休暇はあくまでも、従業員が自由に取得できるようにすることが原則なので、有給休暇の全部を計画年休で消化させるという方法はとれません。**計画年休を導入する場合でも、最低でも前年度からの繰越分も含めて5日間は、従業員が自由に有給休暇を取得することができるようにしていないといけないこと**になっています。そのため、最大でも、その年次に付与される有給日数から5日を差し引いた日数までしか計画年休の対象とすることができないので注意が必要です（労基法39条6項）。

応用のポイント

　有給休暇のうち、5日間は確実に取得されなければならないという仕組みは、時々、有給休暇の「取得義務」などと呼ばれることがあります。しかし**法律上の建て付けは、雇用主の責任で有給休暇を実際に取得できるようにせよ、という仕組みになっているので、ニュアンスとしては「付与義務」である**と考えるべきです。雇用主が有給休暇の付与義務を果たすと、結果的には、従業員に有給休暇を

取得することがある意味で強制されるので、「取得義務」といっても間違いではありませんが、雇用主と従業員のどちらが主導的に義務を果たさないといけないか、というと、雇用主側だということになるので、この違いはきちんと押さえておく必要があります。

　有給休暇の付与義務は、法律で10日以上の年次有給休暇が与えられた従業員に対して、そのうち5日を、付与日から1年以内に実際に取得させなければならないという制度です。フルタイムで働く従業員の場合、6ヶ月間、全労働日の8割以上を勤務すれば、10日の有給休暇が与えられますので（労基法39条1項）、ほとんどの者が対象となります。**有期契約の従業員であっても、週所定労働時間が30時間以上、週所定労働日数が5日以上、年間所定労働日数が217日以上のいずれかにあたる場合には、正社員と同じように有給休暇を付与しなければなりません。**このいずれにも当てはまらない有期契約の従業員や**パート・アルバイトに対しても、有給休暇を付与しなくて良いというわけではなくて、下の表のように、比例的に有給休暇を与えなければなりません**（労基法39条3項、労基法施行規則24条の3）。このうち、太枠で囲われた範囲に当てはまる

パート・アルバイト等、所定労働日数が少ない労働者に対する有給付与日数

週所定労働日数	1年間の所定労働日数	継続勤務年数						
		6ヶ月	1年6ヶ月	2年6ヶ月	3年6ヶ月	4年6ヶ月	5年6ヶ月	6年6ヶ月以上
4日	169日〜216日	7日	8日	9日	10日	12日	13日	15日
3日	121日〜168日	5日	6日	6日	8日	9日	10日	11日
2日	73日〜120日	3日	4日	4日	5日	6日	6日	7日
1日	48日〜72日	1日	2日	2日	2日	3日	3日	3日

場合には、パート・アルバイトであっても、年5日の有給休暇付与義務の対象となります。

　職場によっては、法律よりも多い日数の有給休暇を付与している場合もあるかもしれません。**年5日の有給休暇付与義務は、あくまでも法律上与えられた有給休暇に対してのものなので、**もし雇用主独自に10日以上の有給休暇を与えていたとしても、法律上はそこまで与えなくても良い従業員である場合（入社6ヶ月未満の正社員や、前記の表の基準よりも多い日数を与えたパート・アルバイトなど）は、対象となりません。この裏返しとして、**上乗せ部分で有給休暇を取得していたとしても、その分を付与義務の対象となる日数から差し引くこともできないとされています。**

　よく似た場面として、前年度からの繰り越しがある場合があります。**前年度からの繰り越しと合計して10日以上となる場合でも、当年に付与される有給休暇の日数が10日未満となる場合には、年5日の有給休暇付与義務の対象とはなりません。**注意しなければならないのは、当年に付与された有給休暇の日数が10日以上で、かつ、**前年度からの繰り越しが5日以上ある場合です。このような場合に従業員が自主的に5日の有給休暇を取得したときには、雇用主としても、付与義務を果たしたと取り扱っても差し支えないとされています。しかし、その5日分を繰り越し分と当年分のどちらから消化したこととするかは、さらに翌年度に何日の有給休暇を繰り越せるかに関わるので、きちんと定めておかなければなりません。**就業規則において、当年度に付与された分から消化すると定めておかなければ、実務上は繰り越した分から先に消化されると解釈される傾向にあるので注意が必要です。

　年5日の有給休暇付与義務の対象となった従業員がある場合は、全員がもれなく、年内に5日以上を取得しているかどうか、雇用主において管理しなければなりません。ですが、従業員ごとに有給休

暇の取得状況を逐一把握し続けることには、相当の管理コストが伴います。**計画年休の制度は、従業員の過半数が加入する労働組合またはこうした労働組合がないときは従業員代表との間で労使協定を締結することで、一律的かつ計画的に有給休暇の付与時季を定めることができるので**、活用次第では便利に使うことができます。

　計画年休の制度を導入するための**労使協定では、①対象者の範囲、②対象となる日数、③具体的な付与方法を最低限定めておく必要があります。**このうち、具体的な付与方法については、職場全体を一斉に休業としたり、班やグループで交替制とするほか、個々の従業員や家族の誕生日を対象日とするなどという方法もあり得ます。この中でも特に、職場全体を一斉に休業とする方法を採用するために、従来、職場の定休日とされていた日を計画年休の対象とするという方法が採られることがあります。そういう方法は、従業員への説明と納得なしに行うとトラブルになるだけでなく、年5日の有給休暇付与義務を果たしたことにはならないとの評価を受けかねないので、従業員の理解が得られるよう、十分に説明と協議を尽くすことが必要不可欠です。

　また、職場全体を一斉に休業としようとする場合、**もともと年5日の有給付与義務の対象とならない従業員はどうするのか、という問題**が生じます。結論的には、職場を一斉に休業とする以上、有給付与義務の対象となる従業員にも休んでもらわざるを得ないので、パート・アルバイトの従業員についてはシフトの対象日としない、計画年休の日は特別に有給休暇とする、雇用主の都合により休んでもらう日として平均賃金の60％以上を支給する（労基法26条）などのの方法によって対応すべきこととなります。**計画年休制度の導入にあたっては、有給付与義務の対象とならない従業員への対応も、労使協定に明記しておくべきです。**

　なお、計画年休のための労使協定は、導入のために必要不可欠な

ものですが、**実際に従業員に対して適用できるようにするために
は、就業規則にも、計画年休の方法をとることがあるという定めを
置いておかなければなりません。**具体的には、年次有給休暇を定め
ている箇所に、「労働者代表との書面による協定により、各労働者
の有する年次有給休暇日数のうち5日を超える部分について、あら
かじめ時季を指定して取得させることがある」旨を規定しておく方
法が考えられます。

実例でチェック

　Y社では、就業規則に「勤続6ヶ月に達した従業員には、年20
日の年次有給休暇を付与する」旨の定めがあり、これに続けて、
「ただし、5日を超える有給休暇（15日間）については、取得する
時季を指定して一斉に取得する計画年休とする」旨の定めが置かれ
ており、Y社が別途カレンダーでその時季が特定されていました。

　ところがY社では、計画年休を導入するために、きちんとした労
使協定の締結をしていませんでした。それでも**多くの従業員は、Y
社が指定したカレンダーどおりに休んでいたので、これまでは大き
な問題は起きませんでした。**

　同社で働いていたXは、勤続6ヶ月に達したので、この定めに基
づいて年20日の有給休暇を取得しましたが、カレンダーには従わ
ず、これとは別の日に有給休暇を取得しようとしました。**Y社とし
ては、Xの有給休暇は5日を残して、カレンダーで指定された日に
て消化済みで、これと違う日に5日を超えて休むと無断欠勤になる
とXに対して説明**しましたが、Xは納得せず、カレンダーで指定さ
れた日を休んだだけでなく、これ以外の日でも5日を超えて有給休
暇であると主張して欠勤しました。そのためY社は、Xの無断欠勤

を理由にして、Ｘとの雇用契約を解消しました。このような場合、Ｘの有給休暇は法的にはどういう状態にあったと考えるべきなのでしょうか（参考裁判例：東京高裁令和元年10月９日労働判例1213号５頁［シェーンコーポレーション事件］）。

　このケースでは、きちんとした労使協定こそ締結されていないものの、ほとんどの従業員が納得をして、Ｙ社が指定したカレンダーどおりに有給休暇を取得していたという実情があるので、事実上、計画年休が定着しており、Ｘもこれに従うべきではないか、という素朴な疑問が出てくるかもしれません。しかし、**労使協定というものは、法律が本来認めていない仕組みを特に採用するために絶対に必要とされているものであり、法律が労使協定を要求している以上、「従業員が事実上了解している」という理屈は、全く通用しません。**ですので、**有効な労使協定が締結されていない以上、このケースで計画年休の制度が導入される余地はない**ということになるのです。

　もっとも、有給休暇をいつ、どこで、どれだけ取得するかは、従業員が自由に指定できるので、事業主が「提案」した日程に応じて、自発的にその日に有給休暇を取得するということ自体はあり得ることです。これまで、Ｙ社が指定したカレンダーどおりに休んでいた多くの従業員は、Ｙ社の提案に自発的に応じたものとして整理することができます。そう考えると、Ｘは**たとえ多くの従業員がそのようにしてるからといって、いつ、どこで、どれだけ取得するかを拘束されるいわれはない**ので、他の従業員がそうしているからといって、同じ日に休む義務は課されないということになります。

　では計画年休だというＹ社の主張は通らないとしても、**事業主からの時季指定によるものだという見方はできない**でしょうか。年５日の有給休暇付与義務を果たすために、法定の年次有給休暇のうち、５日間については、事業主の方で時季指定をすることができる

のですから、Ｙ社がカレンダーで指定した日は、この時季指定に基づくものだと読み替えることができれば、その分だけ、Ｘの有給休暇はその日に取得済みということになるはずです。

　ですが、事業主による時季指定は、法律を上回る日数分に対して行う場合は差し支えないものの、法律によって付与されている有給休暇については、このうち、5日までの日に限られます。その上、従業員が自主的に取得している日がある場合は、その日数分だけ、事業主が指定できる日は減っていきます（つまり、すでに5日の有給休暇を取得している従業員に対しては、もはや事業主による時季指定の余地はなくなるということです）。今回のケースでは、**法律の定めを上回る日数の有給休暇が付与されているので、超えている部分については、制限なく、Ｙ社側で取得時季を指定できるといえ**そうですが、指定がされた15日のうち、どこからどこまでが法律の範囲内の有給休暇に対する分で、どこからどこまでが法律を上回る分なのかの区別ができません。

　「そこは法律が5日までとしているのだから、15日のうち、5日までと読み込めば良いのでは」と思われるかもしれませんが、**労基法はそもそも労働者の保護のために存在する法律なので、解釈次第でどちらにも転びうるようなものは、雇い主ではなく働く側に有利な解釈がなされ**ることになるのです。労働条件をめぐって従業員とトラブルになり、解釈が曖昧な状態になった場合に雇い主のために善解されることは、まずあり得ないと考えてリスク対策をしておかなければならないということです。

　このようにＹ社では、せっかく計画年休の制度を導入しようとしたのに、労使協定をきちんと締結することができていなかったために、制度の適用自体が認められないこととなってしまいました。その結果、計画年休のつもりで従業員全員に休んでもらった日は、有給休暇を取得するつもりがなかったＸとの関係では、単にＹ社の方

からＸの労働義務を免除した日と評価されることになってしまいます。会社の方から労働義務を免除している以上、この日はＸが欠勤したということにはなりませんし、有給休暇の日数も減らないので、Ｘが別の日に有給休暇を取得することが無断欠勤になることもないということになります。**計画年休の制度は、活用によってはとても便利ですが、手続を間違えると思わぬ労務トラブルにつながりますので、十分に注意が必要です。**

第 4 章

問題社員対応

～他の従業員も困っています～

Q16 うつ病や適応障害で休みがちな従業員へどのように対応をしたらよいでしょうか。

A16 まずは休職による対応をして、できる限り復職に向けた取組みをすることが必要です。

解決のポイント

　従業員を雇って働いてもらうということは、お互いで雇用契約を結ぶということです。細かい内容は色々とありますが、一番大事なのは、何の仕事をするのかということと、どれだけ働けば、どれだけの給料を支払うのか、ということです。雇う側からすると、給料を支払うことが義務になりますが、それはあくまでも約束どおりに働けば、ということになります。**仕事を休むということは、その分、働けていないことになりますから、給料もその分減るのは当然**のことといえます。

　そもそも仕事を休むということは、契約上、一番大事なことができないということです。急病や家庭の都合など、事情によっては仕方ないこともありますが、それでも**1ヶ月丸々休まなければならない病気にかかったり、無理をして出勤するあまり仕事にならないほどにまでなってしまっては、もはや契約上の義務を果たせる状態にないとさえいえる**でしょう。最近では、うつ病や適応障害といったメンタル不調気にかかってしまう従業員が少なくありません。こういった**メンタル不調は、数日休めば回復するというもの**ではなく、

数ヶ月から数年単位の治療が必要になります。その間、完全な状態で働くことは期待できませんし、症状によっては出勤自体が難しく、休みがちになります。ここまでの状態になると、もはや契約どおり働くということ自体ができないわけですから、契約自体の解消、つまり解雇という選択肢が出てくることにもなります。

　ですが、メンタル不調ではなくて、交通事故に遭って大けがをしたり、大病を患ったりして、数ヶ月の入院が必要になった従業員であればどうでしょうか。**いきなり解雇するのはいかにも気の毒で、その間は治療に専念できるよう、雇用主の側から休むようにと配慮する**のではないでしょうか。それがメンタル不調の場合にだけ、解雇の対象となるというのであれば、なんともおかしなことといわざるを得ません。**メンタル不調の場合でも、ある程度の期間は治療に専念できるように休ませるという対応が必要**です。

　とはいえ、完全に治るまでずっと休んでいて良いというわけにもいきません。身体の病気の場合には、治ったといえる時期が比較的わかりやすいですが、メンタル不調の場合には、治ったかどうかは本人にしかわからない場合も少なくないので、**休んで良いという限度を定めておかなければなりません。**

　メンタル不調にかかってしまい、完全な状態で働くことができなくなった従業員は、自分自身の判断で休むことに任せるのではなく、雇用主が主導して、「いついつまで休みなさい」という方法でまとまって休むよう命じるべきです。こういう制度は、**就業規則上、「休職」という仕組みで定め、所定の期間を限度として休ませる**こととなります。もし、**休職制度がない職場の場合は、従業員から医師の診断書の提出を求め、最低限、そこで書かれた期間程度は休ませる**ということが考えられます。

　こうして治療に専念した結果、無事に完全な状態で働くことができるところまで回復すれば、復職をしてもらうことになります。そ

れでもまだ完全な状態で働けない場合には、辞めてもらうということも選択肢に入ってきます。ですが、元の職種では難しいけれども、他の職種であれば十分に働けそうだという場合には、職種を変えての復職も検討する必要があります。**休職は、辞めてもらうためではなくて、病気を治して働いてもらうための仕組みなので、**どうにかして復職できないか、ということを探らないで、辞めてもらうことありきで対応してしまうと、退職扱い自体が無効となるリスクが高いので十分に注意が必要です。

応用のポイント

　ストレス過多な世の中になり、近ごろでは職種や事業の規模に関係なく、うつ病や適応障害という心の不調を理由にして、休みがちになってしまう従業員が増えてきました。その中には、昨日まではいつもどおり勤務していたように見えたのに、今日になって急に診断書を提出して休み出すという従業員もいますが、大抵は、仕事中のミスが多くなったり、休みがちになったりするなど、何らかの前触れがあるものです。もし、**いつもと違うような様子が見られたときには、雇用主の側から様子を尋ねて、医者に診てもらうよう助言することも必要です。**

　特に**休みがちになっているような場合は、必ず事情を確認するべき**です。これは従業員のメンタル不調を早期に発見して重くならないようにするという意味もありますが、**理由がない欠勤かどうかを見極めて、もし問題があるようならきちんと注意指導の対象とするという目的**を持って行うことが重要です。欠勤が多すぎることは、それ自体が問題行動であることは間違いないのですが、**何も注意指導しないで放置してしまうと、それを容認しているのと同じことで**

す。そうなってしまうと、後から欠勤の多すぎることを問題にして懲戒の対象とすることはやりにくくなりますし、まして解雇の理由とすることは「何を今さら」ということで認められなくなる可能性が高くなってしまいます。

　欠勤の理由がメンタル不調にある場合、本当であれば、通常どおり働くこと自体が大変なのに、無理をして出勤してきているという可能性があります。もし、ちょっと気をつけていれば、そういうこともわかったはずなのに、**従業員が出勤してきているのでそれに任せていたがために、後日、メンタル不調が悪化したということにでもなれば、雇用主に損害賠償責任が生じることもあり得ます。**こういうことにならないよう、**メンタル不調があるかもしれない従業員は、医師の診察を受けさせて、通常どおり働くことができるのかできないのか、診断書の提出を求めるべきです。**

　通常の勤務ができないという医師の診断書が提出されたときには、治療に専念させるために、一定期間、仕事を休むように指示すべきです。中には、明らかに仕事に支障が出ているようなメンタル状態なのに、診断書を出さないという従業員もいるかもしれません。その場合には、いつ、どこで、どのような支障が出てきていたかを記録して、雇用主の判断として、通常の勤務は到底できないと認めたことを理由にして、仕事を休むように指示をすることも考えられます。

　多くの職場では、こういう場合のために就業規則に休職の制度が置かれていますので、これを活用することとなります。**休職の制度が置かれていない職場であっても、メンタル不調によって欠勤がちになったからといって、すぐに解雇してしまうと、無効となるリスクが高いので、休職に準じて、ある程度は引き続いて治療のための欠勤を認めるという対応が必要です。**

　ただし、休職は労働基準法に定められた制度ではないので、運用

方法は職場によってまちまちです。たとえば、欠勤期間が一定の期間に達した場合に休職とするというような定め方をしている場合には、その期間までは、休職とすることはできないので、従業員の判断での欠勤に委ねざるを得ません。こういう定め方をしている就業規則は、適切なタイミングで休職の指示をすることができないので、見直しをすべきです。**休職は、雇用主において、従業員に通常どおりの勤務ができないと判断した場合には、業務命令として行うことができるよう、就業規則に定めることが重要**です。

　もし、**今までどおりの勤務はできないけれども、業務を軽減したり、部署を異動すれば働けるという、中途半端な診断書が出てきた場合には、可能であれば、まずはその指示に沿った対応を試みるべき**です。しかし、業務を軽減するといっても、いつまでもその従業員だけを特別扱いするわけにはいきませんし、部署を異動するといっても、適材適所というものがある上、規模の小さい職場では、そもそも異動できる他の部署自体がないということもあり得ます。**最初から「できない」と突っぱねることは差し控えるべきですが、できるだけの対応をした、あるいはそういう対応は物理的にできない、ということであれば、「今までどおりの勤務」ができない以上は、やはり休職による対応を行うべき**です。

　休職期間をどの程度のものとするかは、就業規則に定めている期間を限度に適宜定めるべきこととなります。もし就業規則で休職期間の延長があり得るような定めが置かれている場合には、延長できる範囲もそれだけ長くなります。**休職制度が置かれていない職場の場合は、診断書にある期間をふまえて少し余裕をもたせた期間を定めることが合理的**であるといえます。

　休職期間は、治療のための期間ですから、その間に通常の業務ができるまでに回復して、復職することを目指してもらわなければなりません。そのため、**定期的に療養経過を書面で報告してもらい、**

状況をふまえて復職に向けた調整をしていくということが本来のあり方といえます。もっとも、実際には、メンタル不調の場合で休職期間の途中で通常の業務ができるまでに回復するケースはそう多くはなく、そのまま休職期間が満了してしまうか、満了日間際になって、復職可能との申し出が急に出てくるというパターンが目立ちます。

　復職は、当初に想定されていた通常どおりの業務ができるようになってはじめて認められるべきものです。**休職していた従業員が、通常どおりの業務ができるようまでに回復していることは、医師の診断書によるお墨付きが必要だと考えるべきあり、逆にそういう診断書が出ているのに復職を認めないとすることは、不当な対応として損害賠償等の訴えを受けてしまう可能性が極めて大きいです。**

　もっとも、従業員の診察にあたっている医師は、ほとんどの場合、その従業員がどのような仕事に従事していて、どの程度の負担がかかっているか、具体的に理解して診断書を作成しているわけではありません。そのため、通常どおりの業務ができるという診断書が出てきた場合でも、**これまでの療養経過の報告内容からして疑問がある場合や、そもそも療養経過の報告がなくて休職期間満了間際になって、急に復職可能との申し出があった場合には、医師に面談をしたり書面で問い合わせをするなどの方法で、業務内容を具体的に説明した上で、それでも問題なく通常どおりの業務ができるかを確認することがポイントです。**あわせて、**産業医や雇用主の指定する医師の診察を受けてもらい、その意見もふまえて、復職の可否を判断することが適切な対応といえます。**

　問題は、すぐに通常どおりの業務ができる程度にまでは回復していないが、**業務を軽減したり、部署を異動することで、働くこと自体は可能という診断書が出てきた場合**です。そもそも復職は、「元どおり」働いてもらうことができなければ困るので、今まで働けて

いた内容に制限が加わったり、部署を異動する必要が出てくるので
は、「元どおり」とはいえないのではないか、との疑問が出てきて
当然です。

　それはその通りなのですが、だからといって復職を認めないと、
就業規則に定めがある場合には、そのまま退職となりますし、そう
いう定めがない場合でも、解雇の対象となり得ます。法律上、**解雇
は客観的に合理的な理由がないとされたり、社会通念上相当といえ
ない場合には無効とされる**ので（労働契約法16条）、要するに、
「これぐらいは、対応してあげても良いのではないですか」と裁判
所に判断されてしまう余地があっては、退職扱いであれ解雇であ
れ、認められない可能性があるのです。そのため、**従業員の能力、
経験、地位、事業所の規模、業種、事業所における従業員の配置・
異動の実情及び難易等に照らして、その従業員が配置される現実的
可能性がある業務が他にあれば、元とは違う条件であっても、復職
を試みるべき**だということになります（最判平成10年4月9日労
働判例736号15頁［片山組事件］）。特にメンタル不調が原因の場
合、なかなか一気に職場復帰ができないこともよくあります。メン
タル不調になった従業員に対しては、雇用主が職場復帰のための支
援をすべき場合もあり得ます。具体的には、厚生労働省がインター
ネットで公開している「心の健康問題により休業した労働者の職場
復帰支援の手引き」というパンフレットが詳しいので、参照してみ
てください。

　ところで、**メンタル不調になった従業員からは、こうなったのは
ハラスメントや過重労働があったからで、雇用主に責任があるとい
う主張がなされることがよくあります。**そうであれば、業務上の傷
病ということになってしまいます。病気を理由とする休職は、あく
までも業務「外」の理由による病気、いわゆる私傷病が対象です。
もし、メンタル不調が業務上の傷病にあたるならば、療養のために

要する期間及びその後30日間は解雇することが禁止されます（労基法19条1項）。

　しかしこれは、**従業員がそのように「主張」すればそうなるというものではなく、雇用主において十分に調査をして、ハラスメントや過重労働がなく、従業員の主張とは異なる考え方を持つというのであれば、雇用主の判断に基づいて、休職による対応をすること自体は可能です。**もっとも、後日に労基署で労災と認定されたりや裁判所で業務上の傷病であったと判断された場合には、そのメンタル不調に対して休職による対応をしたこと自体が誤りであったということになります。**従業員からメンタル不調の原因がハラスメント等にあるとの申告があった場合には、最終的にその主張には沿いかねるとしても、必要十分な調査をした上で判断を行うことが肝要です。**

実例でチェック

　XはY電力の技術職として働いていましたが、この3年ほど、**対人関係に負担を感じるというメンタル不調によって欠勤しがち**なり、有給休暇や病気休暇も使い果たしてしまって、いよいよ休職することとなりました。

　Xは、休職期間中、月1回から2回の頻度でクリニックに通院したり、Y社指定の専門医とも月1回程度の面談もしていましたが、1年経過しても症状が改善しなかったので、専門医のすすめで、まずは病院が用意している**リハビリ目的のいわゆるリワークプログラム**を受けてみることとしました。

　しかし、Xのリワークプログラムへの取り組みはあまり芳しくなく、当初は出席率が3割から5割程度でした。専門医から復職のた

めには、リワークプログラムで復職が可能という了解を得ることが必要だという助言を受けてからは、出席率が高くなったものの、それでも遅刻がちで、あまり積極的に取り組んでいるとはいえない状況にありました。結局、X自身、メンタル不調に対する病識自体が乏しく、**リワークプログラムの成績も、復職可能の目安となるレベルには達しませんでした。**

　Y電力の就業規則では、休職期間の上限は3年となっており、まもなく休職期間満了となろうとしたところで、Xは**主治医による「復職可能」との診断書**を添えて、Y電力に対して復職をしたいという申し出をしました。しかしY電力は、この3年間のXの状況からして、復職可能との判断に不安を持ち、産業医と専門医にも意見を求めました。そうしたところ、**産業医も専門医も、リワークプログラムの結果をふまえると、Xに病識が乏しくて、今後も対処方法がないまま病状が悪化する可能性が高いことを理由に、復職を不可とする意見**を示しました。

　Y電力は、産業医と専門医の意見をふまえ、Xの復職を不可として休職期間満了を理由に、Xを退職扱いとしましたが、Xはこれを不服として裁判所に訴え出ました（参考裁判例：東京地判平成29年11月30日労働判例1189号67頁［東京電力パワーグリッド事件］）。

　病気を理由とした休職から復職するためには、その原因となった病気が良くなって、**通常の業務を行えるようになる程度にまで回復**することが必要になります。しかし、病気が良くなったかどうかは、医師の診断によらないとわからないものです。そのため、**従業員が復職を希望するときには、通常の業務を行えるようになったことを医師の診断書を提出することで証明する必要があります。**今回のケースでは、Xの主治医による「復職可能」との判断がなされている診断書があるので、Xとしては当然に復職ができると考えてい

たことでしょう。

　しかし、**主治医は患者が復職したいというのであれば、なるべくその希望をかなえようとするもの**で、特にメンタル不調の場合には、患者に復職したいという意欲があれば、よほど病状が深刻でない限り、「復職可能」との判断自体は行われることが多いといえます。今回のケースでも、Xの主治医は、Xの意欲を重視して、リワークプログラムの内容は参考にしないで、復職可能との診断書を作成したという経緯がありました。

　これに対して産業医は、リワークプログラムの結果を重視して、たとえXが復職に意欲を持っていたとしても、X自身が病識を十分に持っていないことを懸念して、このままではたとえ復職したとしても、かえって病状が悪化する可能性が高いことを指摘して、復職不可との意見を示していることが特徴的です。このように、**主治医と産業医の意見が分かれることは、実務上、時々見かけられます。**

　主治医と産業医の意見が分かれた場合、どちらの意見がより重視されるかということは、一概には言えません。それぞれがそれぞれの立場で医学的な意見を述べているので、結局は、その説明内容がより合理的な方が採用されるべきだということになります。今回のケースでは、リワークプログラムの実績があるのですから、それをふまえないで示されている主治医の意見は、産業医の意見と比較して、客観性が低いといわざるをえないでしょう。実際の裁判例でも、産業医の意見をふまえてXの復職を不可としたY電力の判断が認められました。

　主治医が復職可能との意見を示したことは、重要な意味を持っていますので、医学的根拠なしに無視をすることは不合理です。ですが、産業医などから異なった医学的意見が示され、なおかつその意見の方が主治医の意見よりも客観性があるという場合には、主治医の意見と異なった対応をすることにも合理性が認められる場合があ

るというわけです。

　休職している従業員から復職の申し出があった場合、休職期間中の療養経過や診断書の内容そのものから、通常どおり業務にあたることができるまで回復したことに疑問がある場合には、主治医に質問をしたり、産業医の意見を求めるなどして、疑問点を解消した上で対応することが必要不可欠です。

Q17 無断欠勤が続いている従業員がいるのですが、電話にも出ず、書留郵便も戻ってきて困っています。どうしたらいいでしょうか。

A17 何をするにも雇用主の意思が届かないといけないので、まずは自宅訪問をすることが重要です。それで会えなかったときには、状況をふまえて普通郵便等での対応があり得ます。

解決のポイント

　雇用契約は、約束どおりに働いたら所定の給料を支払う、という約束なので、遅刻や欠勤があれば、その分、給料が支払われないのは当然のことです。ですが、従業員が無断欠勤を続けると、多かれ少なかれ、業務に支障が出てきますし、そういう従業員はもはや働く気があるのかさえ疑問になります。

　働く気がなくなった従業員との間で雇用契約を維持していても、どのみち働いてくれないわけですから、雇用契約の解消、つまりは解雇の対象となるのも仕方のないことです。我が国の法律では、従業員を解雇するのは難しいといわれていますが、**無断欠勤が長らく続いて、出勤するように再三求めたのに、やっぱりまともに出勤しない、ということであれば、さすがに解雇も認められる可能性が高くなります。**

　とはいえ、無断欠勤が続くような従業員は、雇用主から連絡しても、応答がないということもよくあります。電話にも出ないし、メールやLINEにも応答がないということでは、出勤の求めようがありません。まして**解雇通知を送ったところで、本人が受け取らない**

ことには、雇用主からの意思表示が届いていないことになるので、法律的には解雇の効力が生じないことになってしまいます。

　従業員が無断欠勤をする理由は色々考えられます。働く気を無くしてしまって、雇用主とはコミュニケーション自体、とりたくないということもあれば、病気にかかってしまったり、事件を起こして逮捕されているということもあるかもしれません。もし、働こうという気持ちはあるのに、何らかの事情があって出勤できないということであれば、自宅訪問をして話し合いをすれば、休職制度によって対処できたり、本人から退職の申出があるかもしれません。なので、**まずは自宅訪問をして、なぜ無断欠勤になっているのか、原因を探ることが解決の糸口となり得ます。**

　もっとも、働く気を無くしてしまっている場合には、自宅訪問をしたところで会ってくれない可能性が高いですし、留守をしていたり、引っ越していたりすることもあるかもしれません。そういう場合には、会えるまで訪問し続けることも大変なので、**自宅訪問をしても会えないことがわかったときには、以後は郵便で連絡する**ということが考えられます。最善の方法としては、配達証明付の内容証明郵便によることですが、これは書留郵便となるので、相手が受け取らないときには戻ってきてしまいます。**書留郵便が戻ってきたときには、普通郵便で発送することが考えられますが、**この方法では従業員に雇用主の通知が到達したということを証明できないので、後日、その従業員に「受け取っていない」といわれてしまう可能性が残ります。普通郵便で通知を送る場合は、**万全ではありませんが、スマホで日時を表示しながら、ポストに投函する様子を動画で撮影して記録するという方法も考えられます。**

応用のポイント

　無断欠勤を続けるということは、雇用契約の内容云々を言うまでもなく、社会人としての常識自体が疑われるので、解雇の対象となり得る典型的な例ということができます。実際、就業規則にて、14日以上の無断欠勤があった場合には、懲戒解雇とするという定めが置かれている例も少なくありません。

　ですが、**解雇は客観的に合理的な理由と社会通念上の相当性が伴っていなければ無効**となってしまいます（労契法 16 条）。無断欠勤であれば、当然、このハードルはクリアーできそうにも思えますが、事情によっては、いきなり解雇するのはいかがなものか、との判断も受けかねません。たとえば、一人暮らしをしている従業員が急病にかかってしまい、連絡しようがなかった場合や、メンタル不調になってしまって塞ぎ込んでいたというような場合が典型です。**働く気がなくなったわけではなくて、近い将来には働けるようになる、という事情があるときには、まずは休職制度の活用**など、**解雇の猶予を考えなければなりません**。無断欠勤を最初から理由がないものだと決めつけて解雇の対象としてしまうと、後日、無用の紛争に発展しかねません。

　とはいえ、一足飛びに解雇まではできないとしても、**無断欠勤はそのまま放置しておいて良いものではありません**。最初は小さな違反でも、それが積み重なってしまうと見過ごせなくなるわけですが、見過ごしてしまった違反は、雇用主として問題視していなかったと評価されてしまいます。そうすると、いわばゼロをどれだけ重ねてもゼロだということになり、あとから「あれは問題だった」と主張したところで通用しなくなってしまうのです。ですから、**無断欠勤は 1 回目から事情を確認すべき**であり、問題がある無断欠勤で

あれば、注意指導の対象としておかなければなりません。

　こういう積み重ねをしないで、これまでの無断欠勤は事実上黙認していたり、あまり厳しく対応しなかったということになると、いきなり解雇というわけにはいきません。なぜなら、これまでそれほど厳しい対応をしていなかったのに、今の段階で急に厳しい対応をするというのは、雇用主の気持ち一つで対応しているようにも評価されかねず、従業員としても、それほど問題にされるとは思っていなかった、といわれてしまいかねないためです。そのため、**無断欠勤が続いて、いよいよ厳しい対応をしなければならなくなった、という場合でも、まずはきちんと出勤するように注意指導を試みて、それでも出勤してこなかった場合にはじめて、解雇を検討するという順序を経ることが必要**になるわけです。

　ここでの注意指導は、無断欠勤をしている従業員が相手になるわけですから、実際には電話等で事情を聞いて出勤を促すという方法が考えられます。ですが、もう働く気がなくなってしまったことで無断欠勤を続けているような従業員は、そもそも雇用主からの電話に出ないことも少なくありません。こういうときには、案外、**LINEや携帯電話のショートメッセージ**には、反応があるということもありますが、**メッセージで退職を強要されたとか、パワハラを受けたなどと主張されるリスクがあるので、表現には慎重な上に慎重を重ねるぐらいの気持ちが必要**です。ときには、従業員の側から攻撃的な返信がなされることもあるかもしれませんが、**絶対に売り言葉に買い言葉となってはいけません。**あくまでも、事務的に出勤を促すという限度にとどめるよう心得るべきです。

　問題は電話やLINE等にも全く応答がない場合です。この場合、どうして無断欠勤をしているのかという事情を把握するためにも、**自宅訪問がまず試みられるべき**ですが、会えない場合には別の方法を考えなければなりません。一番良い方法は、いつ、どういう内容

の通知を送ったか、記録が残ることから**内容証明郵便を使うこと**です。内容証明郵便を使う場合、特に申し込みをしなければ、「送った」ことは記録できても、「届いた」ことまでは証明できないので、**発送時には配達証明付のものとすること**がポイントです。

　しかし、内容証明郵便は書留郵便として配達されるので、本人が不在だったり受取を拒否した場合には、差出人に戻ってきてしまいます。そうなると、普通郵便で送り直すことを考えなければなりません。もし、最初から相手方が受け取らない可能性があると見込まれる場合には、**内容証明郵便と合わせて普通郵便も発送しておき、内容証明の文面に「念のため、普通郵便でも同じ文書を送付します」と添えておくという方法**がよく使われます。

　普通郵便では、相手に届いたことも、どんな書類を送ったのかも証明することができないので、もし当の従業員から「そんな書類は受け取っていない」といわれてしまうと困りものです。そういう場合に備えて、**発送する書面をポストの前で封入して、スマホに日時を表示させながら、ポストに投函する場面を撮影する、という方法**があります。この方法でも、相手にその書面が「届いた」ことまでは証明できませんが、何もしないよりは後で役立つ可能性があります。

　こういう手順を踏んでもなお、無断欠勤が続く場合には、いよいよ解雇に踏み切らざるを得ないこともあります。どの程度、無断欠勤が続くと、解雇が認められるかというハッキリとした基準はありませんが、**２週間以上正当な理由なく無断欠勤し、出勤の督促に応じない場合には、従業員に問題があるとして、解雇予告手当の除外認定の対象となり得る**旨の通達がありますので（昭和 23 年 11 月 11 日基発 1637 号）、**まずは２週間以上の無断欠勤があって、出勤の督促するよう督促したけれども、やはり２週間以上、出勤してこない、というあたりが一応の目安**となります。

　この場合、懲戒解雇の手続をとるためには、無断欠勤が懲戒解雇

事由となることが就業規則に定めてあり、なおかつそこに定められている所定日数を経過したことが必要となります。そういう定めが置かれていない場合に解雇しようとするのであれば、普通解雇によらなければなりません。どちらの場合も、労基署の除外認定（労基法20条1項但書）を受けなければ、解雇予告の対象となりますので、手続には十分に注意が必要です。

　なお、**従業員が行方不明になってしまい、普通郵便も戻ってくるような状態になった場合には、法律上は裁判所に申し立てて、意思表示の公示送達という方法をとることができます。**これはあくまでも行方不明の場合なので、**どこに住んでいるかはわかっているけれども応答がない、という場合には使うことができません。**実務的には、滅多に使われる方法ではなく、1～2ヶ月様子をみて、出勤してこないようであれば、辞めるという黙示の意思表示があったと考えて、退職の手続をしてしまうという方法もあり得ます。ただしこれは、法律的には厳密な方法とはいえないので、少しでも職場に戻ってくる可能性がある場合には、あくまでも正攻法で対応することを原則とすべきです。

実例でチェック

　XはY出版社で雑誌記者として働いていましたが、取材先とトラブルを発生させたり、書く記事の水準が低くて、他の記者が一々手直しをしなければならないなど、**記者としての能力があまり高くありませんでした。**X自身、そうした問題性に自覚が乏しく、かえって会社を批判するような態度に終始したため、Y出版社はXに対して**譴責処分を行い、事務部門へと異動させました。**

　ところがXは、**この事務部門でも手続を繰り返し間違えて業務に**

支障を来したので、Y出版社は今後の再発を防止するために、Xに対して**経過報告書を提出するよう指示**しました。しかし、Xはその提出に応じなかっただけでなく、そもそも出版部門から事務部門に異動になったこと自体が納得いかないと主張しはじめました。

　それからというもののXは、**事務部門の会議を無断で欠席するようになり、さらには理由も告げないで、約50日間にわたり、欠勤を続けました**。Y出版社はこの間、繰り返して、**電話、電子メール、ファックス、郵便等の方法で、Xに対し、通常どおり出勤するよう命じました**が、Xはこれに応じないまま欠勤を続けたので、Y出版社はXを解雇することを決定し、解雇予告手当をXの給与受取口座に送金するのとあわせて、内容証明郵便で解雇の通知書を発しました。

　Xは、急にまとまった金額の金銭が振り込まれたことをY出版社に問い合わせたところ、「通知が届くので読むように」といわれたことから、**いよいよ解雇されると察知して、あえてY出版社から送付されてきた内容証明郵便を受領しませんでした**。このような場合、Y出版社によるXの解雇は認められるでしょうか（参考裁判例：東京地判平成14年4月22日労働判例830号52頁［日経ビーピー事件］）。

　欠勤を繰り返す従業員の中には、そういう状態になるよりも以前から、勤務成績や態度があまり良くない者も少なくありません。このケースでも、無断欠勤をするようになるより前から、問題行動が見られたので、こういう従業員を最終的に解雇せざるを得なくなったのであれば、さすがに裁判所もやむを得ないと判断することでしょう。

　しかしこれは、**Xの問題行動がきちんと「証拠」として残っていた**からのことです。Xは、自分自身の問題性に自覚が乏しく、事務部門への異動も不当だと考えている上、Y出版社から指示された経

過報告書の提出にも応じていないのですから、もしＹ出版社がＸの
これまでの勤務態度について証拠を残していなかったならば、自分
自身に問題があったとは絶対に認めなかったことでしょう。**欠勤だ
けでなく、従業員の問題行為に対しては、常日ごろから、きちんと
注意指導をして、程度がひどい場合には、懲戒処分を行うことも検
討すべき**だといえます。

　もちろん、**無断欠勤そのものについても、注意指導を行うべき**
で、このケースのように、まずは雇用主として欠勤は容認しておら
ず、出勤するよう命ずるという姿勢をきちんと示すことが重要で
す。このケースでは、電話はもちろん、電子メール、ファックス、
郵便等、色々な方法で出勤を繰り返して求めており、Ｙ出版社がＸ
に対して出勤を求めたことは、かなり手堅く証明できる事案であっ
たといえるでしょう。ここまで念入りにしなければならないわけで
はありませんが、**出勤を促すのも１回、２回、形だけ行っていれば
良いというものではなく、雇用主の本気が伝わる程度にまでは繰り
返す必要がある**といえます。

　**雇用主に対して良い感情を持っておらず、あえて欠勤を続けてい
る従業員に対し、繰り返して出勤を促せば、どこかのタイミングで
雇用主が解雇を検討しているということ察して、以後、雇用主から
の連絡には一切応じない、という態度をとることがよくあります。**
このケースでも、Ｘは出勤の督促は受け取っていたものの、いよい
よ解雇されると察して以後は、Ｙ出版社から送られてきた内容証明
郵便をあえて受け取らなくなりました。そうすると、Ｙ出版社がＸ
を解雇しようにも、その意思表示が届かないので、困ってしまうだ
ろうと思ったのでしょう。しかし、このケースほど極端な場合であ
れば、Ｘが解雇されていることを察知していることは言い逃れしよ
うがありません。それゆえ、このケースでは結論的には、Ｙ出版社
による解雇通知は、Ｘに届いていると解釈されました。

　とはいえこれはあくまでも、欠勤をしている理由も根拠がないことが明らかだという極端な場合の事例なので、原則的には、**まずは自宅訪問を通じて欠勤理由の把握に努め、雇用主からの通知が届かない場合には、普通郵便も兼用して意思表示を到達させるという方法で対応すべき**です。

Q18 協調性がない従業員が職場の雰囲気を乱しているので辞めて欲しいのですが、解雇するのは難しいのですか。

A18 単に「雰囲気が悪くなった」ということではなく、「業務に支障が出た」ことを問題として、「何度も注意したけれども改まらない」ことの「証明」できないと解雇は難しいです。

解決のポイント

　働くからには自分の仕事をきちんとやるということは当然のことですが、何人かの従業員が働いている職場では、自分の仕事さえしていれば良いというわけではありません。規模が大きいか小さいかという違いはあっても、何人かの従業員が働いている職場では、全員で一つの組織なのですから、誰か一人がチームワークを乱してしまうと、業務に影響が出てしまいます。「この人は、協調性がなくて困る」という従業員とは要するに、チームワークを乱す従業員のことだといえます。

　中には、本当に底意地が悪くて、わざと他の従業員に嫌がらせをしているような従業員もいるかもしれません。こういうわかりやすいパターンであれば、今の世の中ではハラスメント加害者として注意指導の対象となり、どうあっても改まらないようであれば、解雇の対象にもなり得ます。ですが、**協調性がない従業員には、自分の言動が職場の雰囲気を悪くしているという認識自体が全くないか、そういう認識はあったとしても、それは自分のせいじゃないと思っているというパターンがかなり多くあります。むしろそういう自覚**

がないからこそ、協調性のないふるまいを続けているのです。

　実際には、そういう従業員がいることで、職場の雰囲気が悪くなっていることは事実だと思います。しかし、**この「雰囲気」というものは、感覚的なものなので、わかる人にはわかりますが、わからない人にはどう説明してもわかりません。**協調性のない従業員は、まさにこういう感覚がわからないタイプの人なので、「雰囲気が悪くなっている」ことを問題にしたところで、全く理解できないことでしょう。そのような状況で解雇まで進んでしまえば、**本当に雰囲気を悪くしていた従業員であったとしても、「自分は悪くないのに解雇された」と思い込んで、トラブルになってしまうリスクが高い**のです。

　そうはいっても、現に雰囲気を悪くしたのは事実だし、他の従業員からも「あの人が辞めないのなら、私が辞める」とまで言われてしまったので、出るところに出れば、雇用主の言い分がわかってもらえると思われることでしょう。ところがそう簡単な話ではありません。**その従業員が、いつ、どこで、どのような協調性のない行動をして、その結果、「雰囲気が悪くなった」ことを証明できるかという問題がある**からです。

　ここでもしかすると、「そんなことなら、この人に迷惑をかけられた従業員が、いくらでも証言してくれる」というお考えがあるかもしれません。たしかにそういう方法もあり得ますが、所詮はこれからも雇用を続けていく従業員からのお話です。雇用主に都合が良いように話をしているのではないかと割り引いて評価されてしまいますし、そういうお話をいくら集めたところで、決定打にはならないのです。それよりも、迷惑をかけられた従業員のことを、あえて悪く言うと、あとでまたどのような仕返しを受けるかもしれないと怖がってしまって、協力してくれないこともあるでしょう。

　協調性がない従業員の言動で、職場の雰囲気が悪くなったという

のは、実は「結果論」です。事業という観点でみたときに問題にすべきなのは、雰囲気とかそういうものではなく、「業務に支障が出ている」という状況です。**協調性がない従業員に対しては、「雰囲気を悪くした」という漠然としたことがらではなく、現に業務に支障が出ているという客観的な事実をとらえて注意指導を行い、それでも改まらなかったということを問題にして対処をする、という考え方を持つことが重要**です。そしてこのことを後々に証明できるように、注意指導は、その従業員の問題点を簡潔にまとめた書面で行うことが不可欠です。ここまでできてはじめて、協調性がない従業員の解雇は検討に値するということになります。

応用のポイント

　従業員と雇用主との関係は、雇用契約によって成り立っています。契約違反があれば、解消されても文句はいえないはずだということは、雇用契約でも成り立つはずのことで、**雇用主側からの契約解消、つまり解雇は本来、雇用主の権利**だということができます。ですがこのご時世、解雇されてしまっては次の働き口を見つけることはとても大変です。

　従業員側にも、雇用主の契約違反があれば、退職するという権利があるはずですが、今の職場を辞めてしまって、今後の生活をどうするのかということを冷静に考えれば、思い切ることもできないというものです。**法律は、雇用主と従業員との間には、立場の強さに差があると考えて、労働者を保護しようという立場から、雇用契約上の雇用主の立場に色々な「制限」を設けています。**

　最近ではむしろ、従業員に辞められて困るのは雇用主側だという場合もよくあるので、こういう立場の差を当然の前提とすること自

体がどうなのかという議論はあると思いますが、とにもかくにも、**「従業員を保護するために雇用主のふるまいに制限をかける」**というのが労働基準法や労働契約法をはじめとする法律の基本的な立場なのです。

　労働基準法などの労働法によって様々なルールにしばられた雇用契約のことを特に労働契約と呼ぶことがあります。労働法に違反して雇用契約を結ぶことはできませんから、我が国で通用する雇用契約はすべて、労働契約だということになります。労働契約では解雇は雇用主の自由というわけにはいかず、**客観的に合理的な理由と社会通念上の相当性が伴っていなければ無効**となってしまいます（労契法16条）。協調性がない従業員は、他の従業員から迷惑だという声が上がっているでしょうし、雇用主としても大変手を焼く存在です。ですから**「解雇したい」**という**「希望」**が出てくるのは、極めてごもっともなことです。しかしそれは、「主観的」に合理的な理由ではあるものの、「客観的」に合理的な理由といえるかどうかというと、なかなかそうとは言い切れません。

　まず**協調性がない従業員は、ほとんどの場合、そういう自覚を持っていません**。むしろ自分の方が正しくて、自分に合わせない周りの方が悪いのだとさえ思っていることが多いというのが実情です。これはとても不条理に見えますが、**そもそも雇用主が何をもって協調性がないと考えているのか、説明することができなければ、その従業員の言い分が間違っているとはいえません。**

　たとえば「他の人とコミュニケーションをとるように」といっても、それはその従業員が主導して行うべきことなのか、他の従業員の方から対処すべきことなのか、ハッキリと区別できるでしょうか。**職場内での協調性とは、定められたルールを守るということ**ですが、そのルール自体が定まっていないと、その従業員の言動が間違っているという評価自体をすることができません。従業員の協調

性を問題にする場合には、まずその従業員が職場内のどういうルールからはみ出ているのかをきちんと特定しなければなりません。**仕事の進め方や手順のルール自体が定まっていないのに、協調性を欠いているといっても、実は十分な説得力は伴っていないのです。**

　仕事の進め方や手順について、ある程度のルールやマニュアルを整備することは、業務の効率化のためにも必要なことです。しかしだからといって、何から何までをルール化することは非現実的ですし、最終的には常識の範囲で行動してもらいたいというものです。**ところがこの「常識」なるものは、人それぞれに違っているので、あまり基準としては通用しません。**「そういうことをしたら困るのは、常識でしょう」と言っても、「私はそうは思いません」という人だからこそ、協調性を持てないのです。

　ここでは協調性を欠いているかどうかというよりも、その結果、業務にどのような支障が生じたかということが問題とされなければなりません。「職場の雰囲気が悪くなった」ということも、支障には違いありませんが、職場は大人の集まりですから、悪い環境の中でも、それなりに折り合いをつけて仕事自体は進めていくものなのです。そうすると「雰囲気が悪い」ということもまた、感覚的なものになってしまい、結局は「客観的」な解雇理由としては使いにくくなるのです。

　ある従業員が協調性のないふるまいをすると、プロジェクトが遅れたり、連絡不行届になったり、お客様からクレームが来たり、目に見える業務の支障につながることが少なくありません。こういう**実際に生じた問題点こそが、事業にとっての不都合なのだといえます。**逆に、勝手なふるまいをする従業員であったとしても、目に見える業務の支障につながっていないのであれば、そのふるまいは解雇するほどのことではないと評価されてしまいます。

　では業務に支障が出るような協調性のないふるまいさえあれば、

解雇できるかというと、これもまたそうはいきません。**解雇は客観的に合理的な理由があっても、社会通念上の相当性がないと無効だとされてしまうからです。この社会通念上の相当性とは、裁判所が法律や裁判例に照らし合わせて適切といえるか、という基準なので、私たちの「常識」にピタリと当てはまるとは限らないことに注意が必要です。協調性がなくて、職場に迷惑をかけている従業員は、すぐにでも辞めて欲しいのですが、何がどうダメなのか、本人に自覚がないことがほとんどなので、まずはその点をきちんと注意して、今後はどうすべきかを指導して、それでも改まらなかったときにはじめて、解雇も仕方ないと考えられる余地が出てくる、というのが裁判所の考え方なのです。**

　これが何回必要かというと、ピタリとした基準はありませんが、1回や2回で十分とした例はほとんどないので、3回、4回と繰り返しても改まらなかったということが証明できることが最低限だと考えるべきでしょう。

　この注意指導は、とにかく行えば良いというものでもありません。**①いつ、どこで、どういう問題があり、②それが職場のどういうルールに違反していて、③その結果、どういう不都合が生じたか、④今後はどのように改めるべきか、ということを簡潔に示さなければなりません。**これらをもれなく行ったということは、トラブルになった際には証明しなければならないので、きちんと書面で行っておくことが重要です。そして、1回、2回の注意指導で改まらなかった場合には、就業規則の手続に則って、程度に応じた懲戒処分の対象とすることも考えなければなりません。ただし、いきなり重い処分をすることは禁物です。

　注意指導に際しては、始末書の提出を求めるという例がありますが、懲戒処分としての戒告やけん責として、始末書の提出を求めることとしている場合には、その注意指導が、懲戒処分なのかどうな

注意指導書

令和○年○月○日

○○○○　殿

株式会社○○○○
代表取締役　　○○○○

　貴殿は、令和○年○月○日午後○○時ころ、当社本社営業所内での勤務中、○○社からの受注変更についての電話連絡を受けましたが、これを担当従業員である受注課○○○○と共有することなく、直接に受注変更の処理を行いました。その結果、当社の在庫管理上の不備が生じ、△△社からの受注に対応できなくなるおそれが生じました。

　当社業務マニュアルにおいては、受注については、受注課において在庫管理をふまえた上で一元的に対応することとされており、貴殿の行動は、これに違反するものであって、当社就業規則第○条の定める服務規律「社内規定を遵守すること」及び「業務上必要な連絡を怠らないこと」に違反する行為です。

　今後は当社業務マニュアルに従って業務にあたると共に、他の従業員との間で業務上必要な連絡を円滑に行うよう、業務に精励するよう注意の上、指導いたします。

以　上

　上記書類を同日受領いたしました。

受領者

のか、曖昧になってしまいます。注意指導を書面で行うことで、本人が態度を改めてくれることが何よりですが、ここでは実際に注意指導をしたという証拠を残すことが重要です。**始末書の提出を求めることには実益がないので、こだわるべきではありません**し、かえって懲戒処分がきちんとした手順や要件に沿って行われたかどうかという、余計なトラブルにつながりかねませんので避けるべきで

す。

　この**注意指導の書面は、同じものを２通作成して、１通には、当の従業員から受領のサイン**を取った方が良いです。これは受領をしたことの確認のみが目的ですから、あえて**「今後は改めます」**などの反省の文言まで記入すべきではありません。そもそも、反省するかどうかは本人自身の問題なので、こちらから交付する書面に最初から記入しておくようなものではないからです。

　注意指導は雇用主から一方的に行うべきものなので、あえてサインを取る必要はなく、むしろサインをしないことでもめてしまうことから、かえって取らない方が良い、という考え方もありますが、その従業員がそういう態度をとったということもまた、注意指導が難しいということの一つの証拠となります。まずは受領のサインを求めて、その従業員がサインをしなかったり、受け取り自体を拒んだときには、無理をする必要はありません。そのようなときには、その際のやりとりを報告書でまとめて、上司や相談に乗っている専門家に提出することで、記録に代えておくという方法が考えられます。

実例でチェック

　製造業を営むＹ社で働いていたＸは、営業部門に所属して、材料の発注や出荷状況の確認等の業務にあたっていました。Ｙ社には、出荷する商品に欠陥等がないかを確認する検品部門がありましたが、Ｘは出荷状況を管理する関係上、頻繁に検品部門にも行き来していました。

　Ｙ社では、検品作業にいくつかの工程があり、相応に時間を要していたのですが、Ｘは出荷状況が思わしくない原因が検品作業の遅

れにあると思い、検品にあたっていた**複数の従業員に対して、「検品はいつできるのか。いつ修理が出来上がるのか。期日までに完納できなかったらどうするのか。どう責任を取るのか」と強い口調で迫ったり、「皆の仕事のやり方が遅い。あんたのような仕事ができない人を私は相手にしない」などと怒鳴り声を上げること繰り返していました**。そのため、検品部門の従業員は、Ｘを怖がるようになり、こういうことがあって困っているということも、Ｙ社の社長の耳にも届くようになりました。

　やがて、**Ｘが実際に検品部門の従業員に怒鳴り声を上げている現場を目撃したＹ社の社長は、「検品の仕事に口出しをしないように。検品の進行状況を確認する場合も、怒鳴るのではなくおとなしく話すように」などと注意をしました**。しかし、Ｘの態度は改まらず、とうとう検品部門の従業員のうちに精神的に参ってしまう者が出たり、退職するものまで出てしまいました。

　Ｙ社の社長は困ってしまい、**検品部門の従業員とＸとをまじえて話し合いの機会を設けて、Ｘに対し、今後も態度が改まらないようなら、辞めてもらうしかないとも話をしました**が、やはりＸは検品部門の従業員に厳しく対応し続けました。そのためやむをえず、Ｙ社はＸに「協調性がなく、注意及び指導しても改善の見込みがないと認められるとき」「会社の社員としての適格性がないと判断されるとき」という解雇事由があるとして、解雇しました。

　ところが**Ｘは、自分はそんなことをしておらず、Ｙ社が自分のことを気に入らないからだという主張をして、解雇が無効だという裁判を起こしました**（参考裁判例：東京地判平成 28 年 3 月 22 日労働判例 1145 号 130 頁［ネギシ事件］）。

　協調性がない従業員といっても様々なタイプの者がいますが、このケースのように威圧的なふるまいをする従業員がいると、何人もの従業員が働く意欲をなくしてしまい、まさに職場の雰囲気が悪く

なってしまう典型的な例だといえます。しかし、こういう従業員に限って、雇用主が注意をしても、かえって怒りだしてしまって手がつけられなくなり、腫れ物に触るような対応をせざるを得ないということも少なくありません。最近では、注意指導をしたことそれ自体をパワハラだと非難するような例もよくあります。**勢い余って、その従業員の人格を非難するような言動をしてしまってはいけませんが、その従業員の「行動」をとらえて、それがどう間違っていて、どうして注意指導をしないといけないかを冷静に説明すれば、それがパワハラに当たるなどというのは的外れです。**

　このケースでは、Ｘが他の従業員に対して不必要に怒鳴っている場面を社長が目撃しており、すぐに注意指導をして、それでも改まらなかった後も、何度か繰り返して注意指導が試みられていました。それでもＸが態度を改めないので、解雇に至ったこともやむを得ないといえそうです。ところが**実際の裁判では、解雇が無効となってしまいました。**なぜならこのケースでは、Ｙ社の社長による注意指導はどれも口頭で行われており、Ｘが「そんなことをしていない」というのを**ひっくり返すだけの「証拠」が乏しかったからです。**

　従業員が本当に問題行動に出ていたとしても、裁判にまでなってしまい、そこで**「解雇されるようなことはしていない」などと主張されてしまうと、裁判所は「証拠」なしにはその従業員の問題行動があったことを認めてはくれません。**実際のケースでは、現にＸから高圧的な対応を受けた何人かの従業員による「証言」もありましたが、所詮は事業所側のお話として、あまり重視してもらえませんでした。

　Ｙ社にとっては寝耳に水の結論だったことでしょう。実際の事案は、控訴審において、解雇は有効との逆転判決となりました（東京高判平成24年11月24日労働判例1158号140頁）。そこでは、Ｙ

社がXに対して検品部門への出入りを禁止していたことや、精神を
病んでしまった従業員の状況についての客観的な証拠のほか、Y社
がさほど規模も大きくなかったので、退職する従業員が何人も出て
しまうという実害があることなどが重視されました。ですがこれは
結果論であって、精神を病んでしまったり、退職する従業員が出て
くるのを待つわけにはいきません。**従業員の問題がある言動は、口
頭で注意するだけでなく、書面できちんと証拠として残しておくこ
とがとても重要**だということです。

Q19 パフォーマンスが低い従業員に対し、業務改善プログラム（PIP）を組んで指導する方法は有効でしょうか。

A19 プログラムの内容によってはパフォーマンスの改善が期待できることもありますが、運用が難しく、特に成績不良の者を解雇の対象とすることには慎重になるべきです。

解決のポイント

　営業成績が振るわなかったり、仕事の要領が悪いなど、どうにも能力不足が目立つという、いわゆるローパフォーマー従業員は、雇用主の頭を悩ませる存在です。そういう従業員であっても何か取り柄があるもので、配置転換をして、適材適所で活用することができれば良いのですが、現代では、本業以外の業務を自社で抱えることは、コストと考えられがちです。違う業務に就かせようにも、そういうもの自体がないことも少なくありませんし、そもそも職場は従業員の能力を伸ばすために存在するものでもありません。**ローパフォーマー従業員には、どうにかして能力向上をさせるか、それが難しいようであれば、解雇も視野に入る**というものです。

　ですが、我が国の労働法制度では、従業員の解雇を適法に行おうとすると、ハードルが相当に高いというのが実情です。能力不足を理由にして解雇をしても、解雇をした従業員との間でトラブルになって、裁判所にまでもつれこんでしまった際には、**どういう状態をとらえて能力不足というのかということはもちろん、その能力不足は改善が不可能なものだったということも証明できなければ、解雇**

はあっさり無効と判断されてしまいます。そのため、パフォーマンスが低い従業員は、一足飛びに解雇の対象とするのではなく、まず**は業務改善に向けた指導が必要不可欠**になるといえます。

　パフォーマンスが低い従業員の業務改善に向けた指導方法として、**PIP（Performance Improvement Plan）**と呼ばれる手段が使われることがあります。これは、**パフォーマンスが低い従業員に業務改善のための課題を与えて、達成ができなければ、解雇の対象とする方法が典型的**なもので、外資系の企業で使われていたことがありました。

　PIPでは、パフォーマンスが低い従業員の問題性をふまえて、その改善のための課題を与えるわけですから、指導の一環としての体裁をとっています。その結果、やはりパフォーマンスの改善がないようならば、解雇の対象としても、通用しそうに思えるかもしれません。ですが、本当にその従業員の問題性をふまえて与えられた課題ならば、大なり小なりの効果はみられるはずです。それなのに、改善が全く見られなかったということは、もしかすると与えた課題の方が良くなかったのかもしれません。また100点満点ではなかったとしても、少しでも改善がみられたのならば、一応の成功はあったと評価することもできるでしょう。**PIPを実施した結果、不合格になったとしても、その従業員のパフォーマンスの改善を期待することができないとは言い切れない**のです。

　与えた課題がその従業員の問題改善のためにマッチングしていたか、達成が可能であったといえるか、成果は全くなかったなど、その従業員に対して行ったPIPが合理的だったのかという検討をふまえず、雇用主が定めた基準に達しなかったからという理由だけで解雇の対象としてしまうと、最初から解雇ありきの対応だったのではないかと疑われても仕方ありません。**PIPを実施した結果、不合格になったという事実だけをとらえて解雇のハードルが下がること**

はないと考えるべきです。

応用のポイント

　能力不足の従業員は、そのまま雇い続けていても、戦力となることが期待できないだけでなく、程度によっては職場のチームワークを乱す存在にもなりかねません。一般的には、従業員としての能力不足は解雇の理由となることが就業規則にも定められていますので、**パフォーマンスが低く、能力不足だといわざるを得ない従業員を解雇するということは、おかしなことではありません。**

　ですが、我が国の労働法制では、**解雇は客観的に合理的な理由を伴っており、社会通念上相当と認められないと無効**となってしまいます（労契法16条）。**パフォーマンスが低い、能力が不足しているということは、雇用主がそのように感じているというだけでは「客観的」に合理的な理由とはいえません。**その従業員が解雇を受け入れないことでトラブルになり、裁判にまでもつれこんでしまった場合には、目に見える形でパフォーマンスの低さを証明することができなければ、そもそもその従業員の能力が低いということ自体を裁判所に認めてもらえないので、解雇はたちまち無効になってしまいます。

　たとえば、商圏や取扱商品が同じであるのに、他の従業員と比べて営業成績がひどく劣っているとか、仕事のやり直しが目立って多いという場合には、そういう事実をとらえて注意指導をしていたという経過を示すことで、目に見える形でパフォーマンスの低さを証明することはできるかもしれません。ではそれで解雇が認められるかというと、そうはいきません。もう一つのハードルである社会通念上相当と認められることが必要だからです。

　この社会通念上相当という基準は、要するに、労働法の解釈や裁判例をふまえて適切か、というものであって、雇用主が考える常識とは必ずしも一致しません。むしろ「働く者を保護しようという労働法の考え方が隅々まで行き渡っている社会」の通念が基準となるわけですから、雇用主にとっては厳しすぎると思えるような考え方をされるという覚悟さえ必要なのです。

　このことをパフォーマンスが低い従業員を解雇しようという場面で見てみると、いきなり解雇するのではなく、まずはパフォーマンスが改善するように指導をしてみて、どうしても改善しないといえる場合にはじめて、解雇が有効になる余地が出てくる、という考え方として現れてきます。特に新卒採用をした従業員の場合、すぐに一人前になれないのは当たり前なので、研修や指導の態勢がない状況で能力不足だと評価してしまうと、むしろそういう態勢を整えていない事業所の方が悪いとさえ評価されかねないというのが実情です。

　そうすると、PIP のように、パフォーマンスが低い従業員に業務改善に向けた課題を与えるという方法は、指導の一環として意味があるように思えます。なるほど、理屈の上ではそうともいえます。ですが、指導は問題克服のために行わなければ意味がありません。パフォーマンスが低いと一口に言っても、なぜそうなのかという原因は、従業員それぞれによって違っています。そういう個別の問題点を分析して、効果的な課題を与えるというのであれば、一人ひとりにオーダーメイドでの対応が必要だということになります。

　こういうオーダーメイドでの対応なしに、一律的な研修を受講させたり、改善のためのサポートなしにとにかく結果だけを求めるような方法では、雇用主がその従業員のパフォーマンスを改善させたいという意欲を持っているということ自体が疑われてしまいます。まして、成績がふるわなければ解雇や退職勧奨の対象とすることと

セットで運用してしまうと、最初から辞めてもらうことを「ねらい」とした対応だといわれてしまいかねません。**PIP は解雇の方便として用いてはならないと考えるべきです。**

パフォーマンスが低い従業員への指導は、**個々の従業員との話し合いを通して、問題点の洗い出しと共通認識を持つことに始まり、その問題点を克服するためのオーダーメイドでの課題設定によって実行する必要があります。**そしてその課題の取り組みについても、**期限になって合否の判断をするだけではなく、定期的に進捗状況を把握して、**成果があまり上がっていないようであれば、また問題点を洗い出して共通認識を図り、**必要に応じて課題を見直します。**そして、最終的な評価についても、**少しでも改善が見られたならば、改善不可能とはいえないわけですから、達成度に応じた待遇の変更はあり得ても、少なくとも解雇の対象からは外すべき**です。

PIP なり業務改善の指導なりを行った結果、それなりの程度にまでパフォーマンスの向上が見られたものの、まだ雇用主の求める水準には達しておらず、特に職務の内容は責任の程度が同程度の他の従業員と比較して、目立ってパフォーマンスが低いという場合には、解雇は適切ではないにせよ、なお指導を継続するということはあり得ます。

しかし、**まだ見劣りするところがあるものの、目立ってパフォーマンスが低いとまでいえない場合には、指導の対象からは一旦卒業させるべき**です。ひとたび指導の対象となれば解放されることがなく、解雇を受け入れるか退職するしかない、というような実態であった、などということでは、指導とは名ばかりで、いかにその従業員を辞めさせるかという手段に過ぎなかったといわれかねません。そうなってしまうと、たとえその従業員が自主的に退職したとしても、後々に慰謝料などの請求を受けたり、広く報道されることによって、世間に悪いイメージが定着してしまいかねません。**PIP は、**

あくまでも従業員のパフォーマンスを改善させることを目的としなければならず、間違ってもその従業員を辞めさせることが目的だと受け取られないように制度を設計して運用しなければなりません。

実例でチェック

　いわゆるIT系企業であるＹ社で働いていたＸは、Ｙ社の人事等級上、非管理職としては最上位にあって、プロジェクトを実施するための責任者としての立場にありました。Ｙ社の職階制度上、Ｘはプロジェクトの責任者として、必要な折衝や仕様書・手順書のとりまとめなどを行うべき立場にありましたが、Ｘはこうした統括的な業務にあたることは消極的でした。そのためＹ社は、Ｘのパフォーマンスがその職責には適していないものとして、査定の上で最低評価として、業務改善のためのPIPの対象としました。

　このPIPにおいてＸは、進行中のプロジェクトの責任者としての職務に当たることとなり、マネジメント能力を高めるため、仕様書・手順書のとりまとめや、上司との連携など、具体的な課題を達成することが求められていました。その結果、**ＸはＹ社が設定した課題をクリアーして、PIPは成功との評価を受けることができました。**

　ところがＸは、PIPによってＹ社から具体的に課題を示されていたうちは良かったものの、その対象ではなくなって自主的に業務に当たることとなって以後は、**ふたたび責任者としての対応には消極的な姿勢を示すようになり、2度目のPIPの対象となりました。**

　Ｙ社は2度目のPIPでは、社内のコスト削減に取り組むことをＸの課題として設定しましたが、Ｘはもともと技術職であったため、コスト削減の業務は畑違いであり、結果的に芳しい成果を上げ

ることができませんでした。そのためY社は、このPIPは失敗との評価をして、Xの能力不足を理由に解雇しました（東京地判平成31年2月27日労働判例1257号60頁［ノキアソリューションズ＆ネットワークス事件］）。

　人事評価制度は、従業員の能力と待遇を適正で妥当なものとするために必要な仕組みであり、何をどのように評価するかは、よほど不合理なものでない限り、雇用主が決めることといえます。その一環として、従業員を役職や職階に区分けして、それぞれごとの役割を示しておくことは、やるべきことの共通認識に役立ちます。このケースのXは、Y社の人事等級上、非管理職としては最上位にあったので、少なくとも、現場で実際に業務にあたる従業員の中では、責任者的な役割を期待されることが当然といえる立場にありました。それなのに、統括的な業務はあまりできていなかったというのですから、Y社が、Xの働きぶりについて、その立場にふさわしいだけのパフォーマンスを発揮できていないと評価したこと自体はもっともだといえます。

　このケースのXが立場にふさわしいだけのパフォーマンスが発揮できるようになってもらうためには、統括的な業務とはどういうもので、それをどのように実践していくかを学んでもらうことが有効であるといえるでしょう。**Y社がPIPとしてXに与えた課題は、進行中のプロジェクトでOJTにより統括的な業務を学んでもらうというもので、指導としての実質を備えた方法だったといえます。**そしてその成果が上がったというのですから、一旦、PIPは成功したものとして終了したことも理に適っています。ところがXは、**PIPを通してのY社からの指導から離れた後、ふたたび責任者としての対応に消極的になったというのですから、Y社がもう一度、XをPIPの対象にしようとしたことも、おかしなことではありません。**

　ですが、**2回目のPIPでXが任されたプロジェクトは、技術職**

のXにとっては畑違いのコスト削減というものであり、芳しい成果を上げられなかったとしても、それがXの課題である統括的な業務に対する能力不足なのか、それとも慣れない業務を任された結果なのかは、よくわかりません。1回目のPIPは成功しているのですから、なぜその後に再びパフォーマンスが落ちてしまったのか、その原因を追及しないで、**畑違いのプロジェクトの達成を2回目のPIPの課題として、結果的に成果が上がらなかったからといって解雇の対象とするのは不合理**だといわざるを得ません。

　PIPでは統括的業務をそれなりに遂行することができていたのに、対象から外れてしまった途端、パフォーマンスが落ちてしまうというのは、Xに責任者としての能力が不足している可能性自体は否定できません。特にXは、非管理職の中では最上位の等級にあったというのですから、そこまでのパフォーマンスはなかったとしても、等級を下げた従業員としては十分な働きができるかもしれません。そうであれば、責任者としての任務を解くということがスジです。こうした**配置転換の可能性も探らず、一足飛びに解雇とすることは、行きすぎ**だといわざるをえません。

　PIPの結果、相応の成功がみられれば、それ自体がその従業員の実績として評価されます。その後、再びパフォーマンスが落ちたとしても、現にPIPで成功した実績がある以上は、その従業員は、適切な指導さえ行えば改善不可能とは言い切れません。能力不足を理由とした解雇は、指導を繰り返しても改善可能性がない場合にはじめて、やむを得ないものとして認められるので、**PIPの成功実績がある者は、一足飛びの解雇は困難**となります。

　PIPに失敗したとしても、解雇でなければならないかというと、降格や解職など、今の職責にはそぐわないけれども、配置を転換すれば能力を発揮できるかもしれないという余地が残れば、一足飛びの解雇は行きすぎだということになります。PIPはあくまでも業務

改善に向けた指導法として活用すべきであり、解雇と結びつけて運
用すべきではないというわけです。

Q20 経歴詐称を理由に懲戒解雇したいのですが、問題ありませんか。

A20 仕事をしてもらう上で影響のある経歴の詐称かどうかによります。どのような経歴詐称であっても、懲戒解雇が認められるわけではありません。

解決のポイント

　従業員を雇うときには、その人がどういう経歴を持っているかということが、多かれ少なかれ、ポイントとなることが少なくありません。未経験の人よりも、経験者の方が即戦力として期待できますし、そもそも資格を持っていないことには仕事をしてもらうことができないという場合もあります。

　それなのに、履歴書や経歴書に書いてあった職歴が全然事実と違っていたり、必要な資格がないということがわかったときには、雇う側からすれば、「話が違う」というものです。経歴詐称をするような人は、信用できるかどうかさえも怪しくて、このまま雇い続けることが不安になるのも当然です。

　ほとんどの事業所では、経歴詐称があった場合、懲戒解雇とするという就業規則の定めが置かれています。一度雇った従業員を解雇することが法律上難しいということは、なんとなくよく知られていることですが、それが「懲戒」解雇となると、さらにハードルが上がります。それどころか、就業規則に書いていないと、経歴詐称があったからといって懲戒解雇にすること自体ができないのです。

　では**就業規則に書いてあれば、経歴詐称を理由に懲戒解雇にしても問題がないかというと、なかなかそうはいきません。**「懲戒」というものは、職場に迷惑をかけたから行われるものですが、経歴を偽っていても、今までそのことがバレなかったのは、仕事をしてもらう分には問題がなかったからで、特に長く働いていた従業員であればあるほど、経歴詐称があったからといて、職場に何か迷惑がかかったとは言いにくいことになります。

　一方で雇って早々に経歴詐称がわかった場合だと、まだ迷惑をかけるかどうかといえるほど働いていませんが、そもそも**そういうことなら雇っていなかったという場合**もあり得ます。ただし、雇うか雇わないかを判断するのに重要な経歴というものは、本来は**仕事をしてもらう上で重要な経歴**に限られます。たとえば、最終学歴は、我が国の常識的には働く人の能力の高さを判断するための材料になるので、仕事に必要な経歴といえるでしょう。しかし、「学歴不問」のような形で募集しているような場合には、雇い主側で本来重視していなかったはずの学歴をあとから問題にすること自体がおかしなことなので、経歴詐称を理由に解雇することは認められない可能性が高いといえます。

　経歴詐称は要するにウソをつかれたということですから、不愉快であることには間違いありません。ですが、そういう「けしからぬ」という理由は、道徳的にはもっともであっても、法律的には懲戒の理由とすることはできません。あくまでも、**詐称があった経歴が仕事をしてもらう上で深刻な影響があったかどうかが問題とされなければなりません。**

　我が国の労働法は、よほどのことがない限り、解雇を正しいものとしては認めてくれません。**経歴詐称があった従業員でも、実際にそのことで職場に迷惑がかかったり、そもそもその経歴が事実ではないなら、仕事をしてもらうこと自体に問題があるというような事**

情があってはじめて、**解雇もやむを得ないという可能性**が出てきます。そこからさらに進んで、普通の解雇では足りず、あえて懲戒解雇にするとなると、いったいその経歴詐称が事業所にどういう害を与えたのかということが問題にされがちです。**たとえ就業規則に経歴詐称が懲戒解雇の理由になると書いてあったとしても、従業員がそのことを受け入れずに裁判所にまで持ち込んでしまうと、今日では、解雇が認められない可能性が大きい**といえます。

　とはいえ、経歴詐称が実際にけしからぬ問題であることは間違いありません。きちんと話し合いをして、自主的に退職するように求めるということはあり得ます。もちろん、しつこく退職を迫ってしまうと、それはそれで別の問題が生じます。事業所としては、**その経歴があることが仕事をしてもらう上で絶対に必要なことかどうかをよく考えた上で、そこまでではないというときには、辞めてもらわないといけないかどうかも、冷静に考えてから対応をすべきです**。その場合でも、経歴詐称があったことで実際に職場に具体的な問題が生じたとまではいえないときには、懲戒解雇とすることは避けるべきです。

応用のポイント

　経歴詐称が問題だということは、常識的に誰でもそうだと思うことといえます。それは、**ウソをついて雇われるなどというのはけしからん、というとてもシンプルな考え方**で、道徳的にいえば至極当たり前のことです。雇用主と従業員との関係も、根本的には信頼関係によって成り立っているのですから、雇用主の立場からすれば、ウソをつくような従業員とは信頼関係など維持できないので、即刻解雇したい、というお怒りがあることもごもっともです。

　ですが、もしその従業員が働きぶりとしては全く問題がなく、それどころか欠かせない戦力にまでなってから、経歴詐称が発覚した、という場合はどうでしょうか。そういう従業員まで解雇するかというと、考えどころとなるでしょう。仕事ができようができまいが、経歴を詐称したということは同じはずなのに、仕事ができる従業員は、解雇の対象にはならない場合があるというのはなぜでしょうか。それは結局、**雇用主の側としては、ウソをついたこと自体を問題にしているのではなくて、その経歴詐称が仕事をするために重要なことがらだったかどうかという点を問題にしている**からだといえます。**仕事をするために、それほど重要とはいえないことがらの場合はもちろん、重要な経歴ではあるものの、従業員の申告内容が事実ではなかったとしても、実際には仕事に影響が出ていないという場合にも、経歴詐称は解雇の対象とはなりにくいといえます。**

　とはいえ、長く隠し通しさえすれば、経歴詐称があたかもなかったことになってしまう、というのはいかにも極端な話です。雇用主の側からすれば、積極的に事実と違う経歴を告知するということは言語道断として、伝えると雇ってもらえなくなるから、あえて黙っているということも問題ではないかと思えて当然です。経歴詐称は、積極的に事実と違う経歴を告げるだけでなく、あえて経歴を隠すという方法でも問題となり得ますので、**応募にあたって、どこまで本当のことを積極的に告げなければならないかという問題**でもあります。

　このことは、**雇用主において、採用しようとしている従業員の人物調査をどこまで行うことができるかということの裏返し**でもあります。従業員とはいえ、プライバシーは当然に保護されなければなりませんし、差別的な身上調査が許されるものではないことはいうまでもありません。求人に応募してきた人を採用するかしないかは、仕事ができるかどうかという点だけが関心の対象となるはずな

ので、調査できる範囲は、**働いてもらうのにふさわしい人物といえるかどうか**という点に限られます。

　裁判例上は、学歴や職務経験など、**その人の労働力がどの程度のものかを評価するための事項**のほか、**企業や職場への適応性、貢献意欲、企業の信用保持等の秩序維持に関することがらについては、**必要かつ合理的な範囲で雇用主の側から応募者に対して回答を求めることができ、応募者は問われれば、本当のことを告げないといけない義務があるとされています（東京高判平成3年2月20日労働判例592号77頁［炭研精工事件］）。

　では問われなければどうかというと、**その事実が知られると、採用の面で不利になるだろうということを、自分の方から先回りして告知する義務まではない**と考えるべきでしょう（東京地判平成24年1月27日労働判例1047号5頁［学校法人尚美学園事件］）。ですが、先回りして告知する義務がないことと、**後に発覚したときに解雇の対象となり得るかどうか**とは、また**別問題**です。そういう事実を知っていれば、最初から採用することはなかっただろうという事情が隠されていたのに、雇用を維持させられるというのでは、バランスが欠けているといわざるをえません。ここでもやはり、**問題となる経歴が告げられなかったことが、仕事に影響しているかどうか**ということが**ポイント**となり得ます。

　実務的には、過去に犯罪歴があったことやハラスメント行為をしたことによって、前職を退職せざるを得なくなった経緯などがよく問題となります。こういった事情は、雇用主の不安材料にはなり得ますが、こういった事情が常に解雇の理由になるとすると、一度過ちを犯してしまえば、二度と真っ当に就職することができないということにもなりかねません。それもまた行き過ぎたことであり、ここでもそういった経歴があることで、仕事に支障が生じるといえるかどうかポイントとなります。

　経歴詐称の対象となったことがらが、仕事をする上で重要な事項であって、解雇の理由にもなるという場合に、**さらに進んで懲戒解雇の対象とすることもできるかどうかというと、一足跳びに理解すべきではありません。**なるほど、「そんなことなら雇わなかった」ということは、解雇の理由になり得ますが、懲戒となるとそれは「罰を与える」ということになります。経歴詐称がけしからぬのは、ウソをついたことそのものではなくて、仕事に影響を与えたからと考えるべきなので、**罰を与えるからには、それなりに深刻な影響が生じている必要があると考えるべき**です。

　もっとも裁判例上は、そもそも仕事をするために重要な経歴を詐称したことそれ自体が、企業の秩序を乱していると考えて、実際に影響が見えにくい場合でも、懲戒解雇まで有効とする例も少なくありません。ですが、何が仕事をするために重要な経歴なのかということ自体、線引きが必ずしもハッキリしていないので、裁判例の傾向にかかわらず、経歴詐称を理由とした懲戒解雇には十分に慎重になるべきです。まして、それなりに長い間働いていて、その働きぶり自体、経歴がなかったとしても問題がない程度のものであったならば、そもそも解雇の対象とするかどうか自体から慎重になるべきです。

実例でチェック

　Xは、**実際には大学を中退していたにもかかわらず、最終学歴を「高校卒」と偽って、Y社に採用**されました。Xがそのような申告をした背景には、**大学時代にいわゆる学生運動に参加していて、公務執行妨害に問われるというトラブルを起こして除籍になっていた**、という事情もありました。

　Xは、雇われてから3年間、仕事自体は真面目にしていましたが、プライベートで社会運動に参加した際、**ふたたび公務執行妨害に及んだという疑いで警察に逮捕勾留**され、9日間にわたって欠勤せざるをえなくなってしまいました。この件は結局、不起訴で終わったのですが、Xは釈放後、**Y社内で他の従業員に対して、なぜ自分が逮捕されていたかという経緯**のほか、**政治的な意見表明も含むビラを配布**するという行動に及びました。

　Y社としては、Xがそのような活動家であることは全くの寝耳に水で、社内でビラ配布をするということなども当然許可していませんでした。そこであらためて調査したところ、冒頭のとおり、Xが実際には大学を除籍されて中退していたという経緯が判明し、なおかつこの理由となった公務執行妨害では、執行猶予付の有罪判決が確定するに至っているという事情も判明したので、就業規則の定めに基づいて、**Xの経歴詐称等を理由にして、懲戒解雇**としました（参考裁判例：東京高判平成3年2月20日労働判例592号77頁［炭研精工事件］）。

　今となっては歴史的な出来事である学生運動ですが、現代においても、過去に犯罪歴があったり、前職で問題を起こして辞めざるを得なかった、という事情を隠して採用されるということは、十分に考えられるところです。このケースでは、過去の犯罪歴だけでなく、本当は大学卒なのに高校卒と偽っているという点もまた、経歴詐称として問題となっていることが特徴的です。

　学歴を偽るというと、感覚的にはより「高く」見せかけるのではないかと思えるところですが、ここでもウソを述べたかどうかより、そのことが労働力の評価などにかかわるかどうかということが問題となります。**裁判例では、学歴を実際よりも高く偽る場合だけでなく、低く偽る場合でも、どちらも経歴詐称として解雇の対象となり得る**としており、それが**評価の上で重大だとまで認められれ**

ば、**懲戒解雇もあり得るとする傾向**にはあります。

　ですが、学歴を高く偽った場合には、給料を本来よりも高く支払うこととなってしまったり、通常であれば想定していないポジションに付けてしまうといった具体的な影響が生じやすいですが、**低く偽った場合にどういう影響が生じているかというと、説明しにくい場合もあり得ます。**このケースでは、単に学歴を低く偽るというだけでなく、あえて大学中退となった経緯を隠そうという意図が見え隠れしています。そういう事情をＹ社が最初から知っていれば、そもそもＸを雇わなかったのではないか、という事情もありますので、単純に学歴を偽ることは、高く偽ろうが、低く偽ろうが、懲戒解雇の対象として認められるとするのは禁物です。**学歴詐称によって、どういう影響が生じたかということを具体的に説明できなければ、懲戒解雇をしても問題がないとはなかなかいえません。**

　またこのケースでは、Ｘに犯罪歴があり、雇用した後もまた、同じような犯罪で検挙されているという点にも注意が必要です。犯罪歴などというものは、誰にでもあるものではないので、そういう経歴を持っている人は、何かしら職場でも問題を起こすのではないかという心配が出てくることはもっともなことでしょう。ですので**裁判例上も、犯罪歴を隠していた従業員を懲戒解雇したとしても、やむを得ないものと認めやすい傾向にはありますが、仕事に影響が出ていない中で、なお懲戒解雇とすることが当然に認められるかどうかというと、大丈夫とは言い切れない難しさがあります。**

　少なくともこのケースのように、何となく問題を起こしそうだ、という程度のことではなく、過去の犯罪歴と同じような行動にまた出ているであるとか、職場が認めていないビラ配りをするなど、心配が現実化しているような事情がないと、懲戒解雇に踏み切ることには慎重になるべきでしょう。このケースは、結論的には何を根拠とするかにおいて少し違いがあるものの、地裁と高裁だけでなく、

最高裁でもＸの懲戒解雇が有効と判断されていますが、**単純に経歴詐称があったことだけで、懲戒解雇が認められていると考えると大きなリスクにつながりかねない**ので十分に注意が必要です。

Q21 始末書の提出を命じたのに、期限までに提出がありませんでした。再度、懲戒処分をするべきでしょうか。

A21 始末書の提出がなかったことだけをとらえて懲戒処分をすることは差し控えるべきですが、提出がなかったこと自体は、報告書や注意書などで証拠として残しておくべきです。

解決のポイント

　始末書は、従業員が何か仕事の上で問題を起こしたときに提出させる書面で、一般的には、いつ、どこで、どういうことがあって、なぜそんなことになってしまったかをまとめさせた上で、最後は反省や謝罪の言葉で結ぶという形式のものとなります。

　ですが、どんな小さなことでも始末書を提出させるというのは行き過ぎです。誰でも失敗はあるものですから、普段はきちんと仕事をしている従業員がうっかり失敗をしてしまったというのであれば、たぶん本人が一番こたえているでしょう。逆に、普段の働きぶりがさほど良くない従業員の場合は、失敗したならばそれ見たことか、ということになりますが、それでもまるで箸の上げ下げを注意しているかのような対応をすることは禁物です。

　始末書の国語的な意味は、事故を起こしたときに、事実の経緯や顛末を書いて、上司などの報告をするための書面ですので、反省や謝罪を当然に伴わせるものではありませんでした。それがどういうわけか、始末書は当然に反省や謝罪の言葉で結ぶことが常識的な取扱いとなり、単に事実の経緯や顛末を書くだけのものは、顛末書や

報告書などの別のものと考えられるようになりました。

　書面で反省や謝罪の言葉を書くというのは、よくいわれる「一筆書く」ということに他ならないので、かなり重い意味を持っています。そういう重い意味を持つものを書かせるわけですから、その従業員がやってしまった問題行動は、それなりに重く受け止めてもらわなければならないものだということになります。そういうことから、**始末書を提出してもらうということ自体に懲戒的な意味合いが込められることなり、一般的には注意をした上で始末書を提出させるという、「けん責」処分として行われます。**一方で、始末書の提出までは求めない懲戒処分としての注意は「戒告」として区別されることもありますが、用語がどうかというよりも、**どういうことをするとそれらの処分となり、その処分を受けるとどうなるのかが就業規則等にしっかり書いてあることこそが重要**です。

　懲戒処分の一環として、始末書を提出させるというのは、業務上の命令によるものですから、始末書を提出しないということそれ自体、業務命令に違反していると考えること自体は間違いではありません。ですが、始末書に反省や謝罪の意味合いが込められているとすると、始末書を提出しない従業員というのは、自分は悪くないと思っているのに違いありません。それなのに、**始末書を何が何でも提出させるということは、つまり無理矢理にでも謝罪をしろと要求していることに他なりません。**謝罪は強制されて行うようなものではありませんから、始末書の提出を強制することも問題がないとは言い切れません。**始末書の提出がないことを理由にして懲戒処分をするとなると、「また懲戒を受けたくなければ、始末書を出せ」と間接的に強制しているようなものなので、おすすめはできない**ということになります。

　もっとも、始末書を出させるからには、それなりの問題行動が実際にあったはずで、当の従業員自身が「自分は悪くない」と思うこ

と自体が筋違いであるといえます。それなのに**始末書を提出しないというのは、常識的には反省して当然のことを反省しないという姿勢の現れ**ともいえます。始末書の提出を求めるときには、いついつまでに提出するようにと期限を切っておき、そこまでで提出がなければ、督促することも必要なく、雇用主としては、その従業員は問題行動をしたとしても反省しないような人なのだと評価することになります。もし後日にまた問題行動をしたときには、前に問題行動をしたというだけでなく、その反省もなかったということがポイントとなり、程度がひどいときには、解雇の理由にもなり得ます。それゆえ、**始末書の提出がなかったときには、懲戒処分を重ねるのではなく、提出がなかったということを上司に対する報告書や本人に対する注意書などの形で証拠として残しておき、万が一にも、また問題行動があったときには、重く処罰することの材料として検討すべき**といえます。

応用のポイント

　始末書というものは国語辞典にあるとおり、もともとは事実や経緯の始まりから終わりまでを報告させるための書面でしたので、反省や謝罪の言葉を書かせるという意味までは込められていませんでした。とはいえ、**現代の常識的には、始末書といえば、最後は「申し訳ございませんでした」という形で結ぶものだと理解されている**ので、提出する側もさせられる側も、そういうものだと理解していることでしょう。ほとんどの従業員は、失敗してしまったなら申し訳ないと思うので、始末書の提出にもすんなりと応じることでしょう。**始末書を提出しないということは、「自分は悪くない」と思っていることの現れであり、しかも雇用主に言われているのにあえて**

反抗しているわけですから、その意思は相当に固いものだと心得ておかなければなりません。

　こういう従業員は、もうすでに雇用主に対して多かれ少なかれ反抗的な考えを持っているので、**始末書を出せといっても全く出さないか、出したとしても「私は悪くありません」という内容のものとなることがほとんどです**。だからといって、実際に不始末をしでかした従業員なのに、この上、始末書を出さないことも許してしまっては、他の従業員に示しがつかないというのも道理です。そういう勝手なことをすること自体が職場の秩序を乱す行為だととらえて、始末書を出さないことそれ自体を懲戒の対象とするという考え方もまったくもってもっともだといえます。

　ところが**懲戒処分というものは、その対象となった行為がどういう性質のもので、どうやって行われたか等々の事情をふまえて、客観的に合理的な理由を欠き、社会通念上相当であると認められない場合は、雇用主が権利を濫用したものと評価されて無効となる**ということが法律で定められています（労働契約法15条）。始末書を出せと言ったのに出さない、という場面で懲戒処分ができることは、客観的に合理的な理由もあるし、社会通念上相当とも当然にいえそうですが、なかなかそうは簡単にはいきません。なぜなら、**始末書を提出して反省の意思を示すということは、誰かに強制されて行うものではないからです**。

　懲戒処分をするということは、やってしまったことに対する罰という意味が本質ではあるものの、他の従業員に対しては、ルールを守らなければ懲戒処分になるということを示すことで、間接的にルールを守るよう求めるものに他なりません。始末書を出さない従業員を懲戒処分にするということは、始末書を提出して反省の意思を示すよう、間接的に強制していることに他ならないというわけです。反省は本人が心から行ってこそ意味があるものです。**始末書を**

無理矢理書かせたところで、当の本人は全く反省していないでしょう。それでも「見せしめ」としての意味はあるわけですが、そういう目的が見え隠れしてしまうと、たちまち客観的に合理的な理由を欠き、社会通念上相当であると認められない、という評価を受けてしまいます。

　始末書を出さなかったり、一応、何かしらの書面は出してくるものの、他の従業員や職場に責任転嫁ばかりをしているものが出されたりすることは、結局、その従業員が全然反省していないということの現れに他なりません。そういう従業員は、おそらく次もまた、問題行動に出る可能性があるといえるでしょう。そうなった場合、前回の不始末で反省の態度がなかったことが、今回の不始末でより重い処分を下すことの合理的な根拠となり得ます。

　合理的な期限を定めているのに、そこまでに提出がなかったときには、督促をしたり、再度、期限を定める必要はありません。社会人なのですから、期限を守るのは当然で、特に理由なく期限を過ぎても始末書の提出がないということは、せっかく反省の態度を示す機会があったのに、自らそれをふいにしたのだと割り切る方が良いといえます。期限までに始末書の提出がなされなかったことは、**人事部門から社長等、然るべきルートで報告書にまとめて提出しておく**と証拠として相応の意味を持ちます。この場合、本人に対して何も伝えないと、「何も言われなかったから書かなかった」などと、自分勝手な解釈をするかもしれません。そういう場合に備えて、**「いついつまでに提出せよと命じた始末書の提出がなかった。今回の件で反省がないことは大変遺憾である。今後、同様のことがないように」という趣旨の書面で注意指導をしておく**ことが良いといえます。

　同じように、**反省の態度が示されていないような書面が提出されたときも、**そういう証拠を当の従業員自身が作っていることになる

と考えるべきです。時折、「こんなものは始末書にならないから書き直せ」と突き返す、ということも見受けられますが、問題のある従業員がわざわざ作った自分にとって不利な証拠を返してしまうという手はありません。**始末書を提出しなかったり、反省の態度が現れていない書面が提出されたことは、懲戒処分等でやり返すのではなく、そういう従業員だという評価の裏付けとなる証拠を確保して、今後の処遇に活用するという方法こそが正解**であるといえます。

　とはいえ、単に始末書を出さないだけでなくて、自分自身の不始末を棚上げにして、他の従業員に対して職場の不平不満ばかりを告げて回るとか、実際にお客様へご迷惑をおかけしていて、事情の説明が必要なのに、ことの顛末について報告をしない場合などは、さすがに捨て置くことは禁物です。このように、**その従業員の行動によって、事業活動に実害が生じている場合には、放置することなくきちんと注意指導を行うべき**で、それでも改まらないときには、**懲戒処分によって臨むべき**だといえます。

実例でチェック

　Xは、Y社において、工事の見積り、契約・出来高管理などの業務にあたっていましたが、Y社での仕事の方法や、上司からの指示の内容に不満を持っており、自分独自のやり方でやった方が効率的だとの考えから、Y社によって決められた様式での書類の作成をしなかったり、上司の知らないところで取引先と直接にやりとりをするという**独善的なふるまいが過ぎていました。**

　Xの上司は、折に触れて、ほかの従業員との連携がとれないから、Y社の決めた方法に従って仕事をするように注意指導していま

したが、Xはかえって上司に反発して、一向に態度を改めませんでした。そのためY社は、上司からの注意指導だけでなく、**Xを4回にわたってけん責処分にして、その都度、始末書の提出を求めました**。ところがXは、**一切、始末書の提出をせず、それからも社内のルールに従おうとはしませんでした**。やむなく**Y社は、Xが「勤務成績又は能率が著しく不良で、就業に適しないと認めるとき」に該当するとして、解雇をしました**。Xは、Y社による解雇は不当だと主張して訴え出ましたが、はたしてどうでしょうか（参考裁判例：東京高判平成14年9月30日労働判例849号129頁［カジマ・リノベイト事件］）。

それなりに歴史のある事業所の場合、仕事のやり方というものにもスタイルがあり、中には時代に合わなかったり、もっと効率良くできるはずだというものもあるかもしれません。いつまでも古い方法にこだわって、新しい仕事の進め方を取り入れなければ、今の時代ではなかなか生き残ることができません。そのため、従業員から業務改善のための具申などがあれば、聞く耳を持つという姿勢が必要でしょう。**このケースでXがY社での仕事の方法や、上司からの指示の内容に不満を持ったものの中には、それなりに理由があったものも含まれていました**。

ですが、何人かで働いている職場では、仕事は一人でするものではありません。**めいめいが好みで仕事をしていては、組織としての動きができなくなってしまいます**。Xとしても、業務改善のための建設的な意見があるのであれば、きちんとスジを通して伝えるべきであり、自分の判断で勝手に動いて良いというはずがありません。ですから、**Y社からXに対して、指示に従うようにという注意指導が行われたことは当然ですし、何度言っても従わないというのであれば、懲戒処分もやむを得なかったといえるでしょう**。

もっとも、このケースで注意が必要なのは、**懲戒処分の対象とし**

ているのは、あくまでもこういったＸによる独断専行行為であって、始末書を提出しなかったことそれ単独をとらえてではないということです。Ｘが始末書を提出しなかったことは、Ｙ社や上司に対する反発もあったでしょうが、そもそも効率の良くないルールにこだわるＹ社に問題があるという意識があったことが想像に難くありません。「反省せよ」と命じたところで、Ｘがこういう意識を持っている以上、どこまで行っても「自分は悪くない」という考えにこだわるでしょう。しかし、「ルールを守れ」と命ぜられたのに、「守らない」という態度をとり続けることが許されるという道理はありません。

　このケースのように、**始末書を出さないならば出さないでそれ以上は強制しないが、「ルールを守れ」ということにも従わないという姿勢が繰り返される**と、さすがに解雇も視野に入ってくるでしょう。始末書を提出していないのは、「反省しない」というＸの強い意思の現れだったといわざるをえず、注意指導を繰り返しても、改善の見込みがないということの一つの有力な証拠となり得ます。一つ一つの出来事だけをとらえれば、ＸとＹ社の考え方の違いということにもなりかねません。そういう**主観的な理解の相違を理由として、懲戒処分の対象にしてしまうと、客観的に合理的な理由がなく、社会通念上も相当とはいえないとして、雇用主の態度に問題があった**などという、ねじれた結論にも至りかねません。もし始末書を出さなかったことそれだけをとらえて懲戒処分にしてしまうと、そういったリスクが生じかねないということです。

　始末書を出さない従業員は、多かれ少なかれ、おなかの中に何か抱えているものがある場合がほとんどです。それがさらに問題行動として出てきた場合には、繰り返して注意指導を行うことが重要で、その都度、始末書を提出しないという態度に出るかもしれません。そうして繰り返して対応したにもかかわらず、ついに態度が改

まらなかった場合には、始末書を提出してこなかったという経緯を
改善が不可能だという根拠として使うことができる場合があります。このケースでも結論的には解雇は有効とされています。

Q22 勤務態度が悪い従業員を叱ったら、「課長からパワハラを受けた」と騒ぎ出してしまい、一騒動となりました。従業員を叱ったら、パワハラになるのでしょうか。

A22 必要な注意指導を適切に行うことは、パワハラには当たりません。「攻撃して弱らせる」のではなく、「注意して改善させる」という考え方で対応することがポイントです。

解決のポイント

　世の中ではパワーハラスメント（パワハラ）という用語がすっかり定着をしました。従業員の中には、雇用主や上司から厳しい対応をされると、たちまち「パワハラだ」と主張するような人も出てくるようになり、「今どきの若い人は、叱ることもできない」などとお悩みの方もあるかもしれません。ですが、**あまりにも勤務態度が悪かったり、業務に大変な影響を及ぼしかねない失敗があったときなど、厳しく叱らなければならない場合があります。**

　ハラスメントとは要するに「嫌がらせ」の意味です。上司が部下に対して厳しい態度をとることが当然に嫌がらせに当たるかというと、そうとはいえないでしょう。中には意地悪な人もいて、必要以上に部下に対してつらく当たるという上司もあるかもしれませんが、まさにそういった**業務上必要な範囲を超えて行われる態度こそが、ハラスメントに当たり得るのであって、業務上必要な注意指導をパワハラというのは筋が違っている**ということになります。

　どういう行為がパワハラにあたるかについては法律上の定義があって、そこでは「職場において行われる優越的な関係を背景とした

言動であって、業務上必要かつ相当な範囲を超えたものによりその**雇用する労働者の就業環境が害される」**ものとされています。もしかすると、「本人がパワハラを受けていると思ったら、パワハラに当たる」などと主張してくる従業員があるかもしれませんが、**業務上必要かつ相当な範囲で行われる対応は、もともとパワハラには当たらない**ということができます。

　ここで注意をしなければならないのは、「**業務上必要かつ相当な範囲**」かどうかは、実際に対応をする人の価値観や考え方を基準にするのではなくて、そうすることが業務を遂行する上で客観的に見ても必要かつ相当といえるか、という基準で考えなければならないということです。そういう対応をすることによって、どういう流れが生まれて、どういう結果につながっていくのかということが、現実的で具体的なものとして説明できれば良いのですが、そういう態度をとられた人が、そうはならないだろうという評価を受ける余地があるような対応では、「業務上必要かつ相当な範囲」とはいえません。

　たとえば、「無能」「給料泥棒」「会社のお荷物」などのような発言に対して、「そういう言葉を浴びせられて、なにくそと思って這い上がってくるから成長できるのだ」などという考え方は、大いに議論の対象とはなりそうではあるものの、価値観や考え方としてはあり得るかもしれません。ですがこういった発言は、単に「その人」を非難しているだけのもので、「業務」とは全然関係がありません。あるいは「こんな仕事ぶりだから、おまえは無能なんだ」という言い方をすれば、「業務」との関係があるという理屈もあるかもしれませんが、「おまえは無能なんだ」の下りは全くもって余計な部分なので、業務上「必要」かつ「相当」な範囲の言動とはいえないわけです。

　「厳しい態度」だからパワハラに当たるのではなくて、そういう

態度が何のために行われているのかがポイントです。相手を「攻撃して弱らせる」ために行うことが問題なのであり、「注意して改善させる」ために行うのであれば、時には厳しい態度で行うことも必要な場面があり得るということになります。ただし、その態度がどういう意図なのかは、第三者がみてどう思うかということが基準になることには十分に注意しなければなりません。「その人」を非難するような言動は、第三者からみればただの「攻撃」としか受け止められませんので、どういう意図であったとしてもやってはいけないことだと心得る必要があります。

応用のポイント

　法律上、パワハラの定義については、「パワハラ防止法」の通称で呼ばれている「労働施策の総合的な推進並びに労働者の雇用の安定及び職業生活の充実等に関する法律」の定めを参照して、次のように理解することが一般的です（同法30条の2第1項）。

---

①優越的な関係に基づいて（優位性を背景に）行われること
②業務上必要かつ相当な範囲を超えて行われること
③身体的若しくは精神的な苦痛を与えること、又は就業環境を
　害すること

　上司の態度を不満に思って、パワハラだと主張する従業員は、このうちの③の部分だけを強調していることがあります。ですが、働くということは、楽しいことばかりではありませんし、思いどおりに行かなかったり、時には上司から意に沿わない指示を受けることもあるわけです。**業務上必要かつ相当な範囲で行われたことであるのに、自分にとって苦痛であったり、働く環境として好ましくない**

からといってパワハラに当たるなどと主張することは、**常識的にも法律的にも筋違い**です。業務上必要かつ相当な範囲の対応は、組織として業務を遂行する上では、場合によっては厳しく対応せざるを得ないことであり、従業員の意に沿わない可能性があるからといって差し控えるべきではありません。

　重要なのは、その対応が「業務上必要かつ相当な範囲」のものといえるかどうかというところにあります。経営者の方々には、それぞれ独自の経営哲学があって、職場での対応はどれもそういう考え方に基づいて行われているものでしょうから、どの言動も何らかの業務の必要があるから行われているといえるでしょう。ですが、法律上の評価を個々人の哲学を基準にして行っていては、こちらの職場では違法でも、あちらの職場では適法だというおかしなことが起こってしまいます。法律に照らしてどうなのかという判断は、最終的にはどちらが正しいかをジャッジしなければならないので、「人それぞれ」ということでは困るのです。そういうことから、**法律の目線から見てよろしくないとされることは、どれだけ個人的な経営哲学上の根拠があっても、正しいことだとは評価されない**ということになります。

　従業員に対して行われた注意指導が「業務上必要かつ相当な範囲」のものとして、法律の目線からも評価を受けるためには、まず**もってその注意指導が、どういう業務を対象としているのかが明確になっていなければなりません。**その上で、その業務の何が問題で、どのように改善すべきかを具体的に指摘することが、「業務上必要な範囲」の注意指導として認められるためのポイントとなります。ただし、「**必要**」であったとしても、「**そこまでやるか**」という程度になってしまうと、「**相当な範囲**」とはいえなくなり、**限度を超えたものとしてパワハラに当たることがあり得ます。**

　たとえば、業務上のミスがあった従業員に対して、そのミスを具

体的に指摘して、今後は同じことがないようにと注意すること自体は必要なことです。しかし、誰にでもミスはあるものですし、程度によっては「今度から注意してくださいね」と一言で済むものもあるでしょう。それをあえて大声で叱りつけたり、長時間にわたってくどくど説教を続けるということは、注意そのものは「必要」であったとしても「相当な範囲」の対応とはいえません。また、同じ一言であったとしても、「無能」「給料泥棒」「会社のお荷物」など、あえてその人を傷付けるような言葉を使うことは相当ではないことはもちろん、そういうことを言う必要自体がありません。**「業務上必要かつ相当な範囲」といえるためには、必要なことだけを伝えるべきだということなので、こういう余計な一言を付け加えてしまうと、たちまちその範囲を超えてしまって不適切だと評価されてしまう**、というわけです。

　とはいえ、本当に問題がある従業員は、一度の注意指導でどうに

パワハラの種類	具体例	必要かつ相当とは認められない注意指導の例
身体的な攻撃	殴る、蹴る、物を投げる、物を叩くなど	・体罰を与える ・書類や物を投げつける ・提出された書類を目の前で破る
精神的な攻撃	人格否定、長時間の叱責、威圧、見せしめなど	・「バカ」「無能」「給料泥棒」などの発言 ・過去の出来事を繰り返して持ち出す ・あえて他の従業員の面前で叱る
人間関係からの切り離し	他の従業員からの隔離、無視など	・反省と称して部屋を隔離する ・他の従業員からの指示を遮断する ・業務上必要な共同作業をあえて禁止する
過大な要求	新人への無理なノルマ設定、私用の強制など	・指導と称して達成困難な目標を設定する ・成果が上がっていないとして、残業を強いる ・能力不足として社長の私用のみに当たらせる
過少な要求	役職にふさわしくない閑職の命令、雑用のみの強制など	・役職を維持しながら権限のみを取り上げる ・本来の業務に関係のない作業のみをさせる ・元々の職種とかけ離れた異動を打診する
個の侵害	私物の写真撮影、プライベートなことがらの職場への流布など	・「遊んでばかりいるから」などと非難する ・業務時間外の行動を報告させる ・家族や親戚等の境遇を引き合いにだす

かなるようなものではなく、2回、3回と失敗を繰り返したりする
ものです。どうかすると、最初から反抗的で、「自分は悪くないの
に、上司からつらく当たられた。パワハラだ」などと主張してくる
こともあります。誰でも厄介なことには首を突っ込みたくないの
で、相手がたとえ問題のある従業員であったとしても、火が付いた
ように攻撃的な態度をとられることが心配で、ついつい注意指導の
手を控えてしまうということはよくありがちです。ですが、ここで
しっかり対応しておかないと、問題行動を容認してしまうことにな
ってしまいます。**同じ失敗を繰り返したり、注意指導を受けている
のに反抗するなどという態度の悪い従業員に対しては、雇用主とし
ても、厳しい態度で当たることがある程度必要**となります。どうい
う対応がパワハラに当たりうるかについては、5つのパターンで説
明されることがあります。これとの関係で、注意指導の際に問題と
なりがちな態度や表現の例を左頁の表にまとめてみましたので、参
考にしてみてください。

実例でチェック

　XはY保険会社のサービスセンター（SC）で課長代理職に就い
ていました。Y社では、それぞれの従業員が受け持ちの案件を抱え
ており、それぞれの地位に応じた件数の案件を処理することが期待
されていましたが、**Xについては、課長代理職としてはY社が期待
するだけの処理件数をこなすことができておらず、部下からも不満
の声が上がるような状況にありました。**

　そのため、Xの上司にあたるAは、Xにはもっと頑張ってもらわ
ないといけないと考えて、Xに対して社内メールにて、「やる気が
ないなら、会社を辞めるべきだと思います。当SCにとっても、会

社にとっても損失そのものです」「あなたの給料で業務職が何人雇えると思いますか。あなたの仕事なら業務職でも数倍の実績を挙げますよ。……これ以上、当SCに迷惑をかけないで下さい」など書いて注意をしました。このうちの一部は赤文字でポイントを大きくして強調されており、他の従業員からの不満もあったことからXだけでなく、同じSCの十数人の他の従業員にも同報メールで送信されていました。

　このメールを受け取ったXは、**Aによる注意は必要かつ相当な範囲を超えたもので、ハラスメントにあたると主張**して、裁判所に対し、損害賠償請求を起こしました（参考裁判例：東京高判平成17年4月20日労働判例914号82頁［A保険会社上司事件（二審）］）。

　業績が求められる職種の場合、**あまり成績が良くない従業員に対しては、もっと頑張って成果を上げるようにという注意指導が行われることは当然あり得る**ものです。とはいえ、業績といっても、相手方のある仕事の場合、本人がどう頑張ったところで、成果にはなかなかつながらないということもありますし、そもそも会社全体のマーケティングや商品設計自体が問題だということもあり得ます。ある従業員の業績不振を理由にして注意指導をする場合には、同じように働いている他の従業員との比較しても見劣りしているなど、その従業員の働きぶりそのものに問題があるということを先に特定してからでなければ、説得的な注意指導にはなりにくいといえます。

　このケースでは、Y社の期待としては、課長代理職として、他の従業員よりも高い給料条件で働いているXであれば、もっとたくさんの処理件数をこなして欲しいという希望を持つこと自体は、一応、筋が通っているといえるでしょう。具体的にどれぐらいの件数をこなすべきか、ということは、一概にはいえないことでしょうが、他のSCでXと同じような地位にあって、同程度の給料水準で

働いている従業員との比較で、Xの実績が見劣りしているというのであれば、他の従業員から不満が出ることもわかりますし、**上司であるAがXに注意指導をしないといけないと考えたことも道理**だといえます。

　業績が上がらない従業員に対しては、要するに「もっと頑張れ」という叱咤激励が行われることがあり得るわけですが、その方法は、人によって色々あるといえます。厳しいことを言われて悔しい思いをすることで伸びていく、という哲学もあり得るので、「やる気がないならやめろ」「給料分の働きぐらいはしろ」といった言い方も、叩かれて伸びるということを期待してのものだといえばそうかもしれません。このケースについても、地裁においては、Aがメールで書いた内容も、Xに対する嫌がらせの目的ではなくて、叱咤激励のためのものだったと評価して、ハラスメントには当たらないと判断していました（東京地判平成16年12月1日労働判例914号86頁［A保険会社上司事件（一審）］）。

　ですが、**Xに業績が上がらないという問題があるというのならば、Xの地位であればどれぐらいの数値目標を達成すべきで、これまでそれが達成できていないのであるから達成するように奮起せよ、とだけ注意指導すれば内容的には足りている**はずです。そうした注意指導をしても改善がされないならば、降格されたり、査定上の不利益な取扱いを受けることもあるかもしれませんが、「辞めるべきだ」「会社にとっても損失そのものだ」などとまでいわれなければならないかというと、それは行きすぎだといえるでしょう。Aとしても、本気でXが退職すべきだとは考えていなかったのでしょうが、「これ以上、当SCに迷惑をかけないで下さい」という表現や、わざわざ一部を赤文字でポイントを大きくして協調するようなことをされると、Xとしては、自分がSCにとって不要な人間だと受け止めてしまうことでしょう。ましてこの文書が記載されたメー

ルは他の従業員十数名にも同報メールで送られていたというのですから、見せしめだといわれても仕方ない対応といえます。

　このように注意指導の「意図」があったとしても、「そうは受け取らないだろう」という余計な表現を加えたり、「そこまでやる必要はないだろう」という対応をしてしまうと、本来必要な注意指導もハラスメントに当たりかねません。**「攻撃」は「注意指導」ではないという視点が重要**です。

Q23 ある従業員について、懲戒処分をしたことを社内掲示板か社内ネットワークで周知しようと思います。何か問題はあるでしょうか。

A23 周知を何のために行うのかという目的にかなった限度で行うべきで、やりすぎてしまうと損害賠償の対象となることもあり得ます。

解決のポイント

　懲戒処分をするからには、その対象となった従業員には、けしからぬ行為があったことが前提となりますので、誰それがこういうけしからぬ行為をしたということは、他の従業員にも知らしめておきたい、という考えが出てくるのも、ごもっともなことといえます。

　ですが、**雇用主が従業員に対して持っている懲戒権は、職場の秩序を乱すような従業員に対する防衛権のようなものです。従業員を懲らしめたり、やっつけたりするためのものではありません。**懲戒処分の対象は、あくまでも従業員がやらかした「行為」であって、従業員個人そのものではないというわけです。

　ある従業員に対して、こういう懲戒処分が行われた、ということを名指しで社内に周知するということは、それ自体に一種の見せしめ的な効果が伴います。懲戒は従業員を懲らしめたり、やっつけたりするためのものではないとすると、**いくらけしからぬことをしたとはいえ、見せしめを受けることは趣旨に反する**ということになります。そうでなくとも、最近では個人情報保護の要請もありますので、個人を特定できる情報は、むやみに公表しないよう心がけなけ

ればなりません。

　とはいえ、職場の秩序が乱されることがあって、その従業員を懲戒処分にしたものの、あとから同じようなことをしてしまう従業員が出てくるようでは困ります。そういう場合には、「こういうことをすると、こういう処分になる」ということを他の従業員にも知らしめる必要があります。そのため、懲戒処分があったことを社内に周知することそれ自体がダメだということにはなりません。

　結局のところ、懲戒処分を周知する場合には、何のために行うのかという目的意識を持つことが重要だということになります。同じような問題行動に出る従業員が続かないように、という目的で行うのであれば、「こういう行動は処分の対象となる」ということを周知する必要性はあっても、「誰がそういうことをしたか」ということまで知らしめる必要性は、普通は見いだせません。また、秩序を乱しているのがその従業員だけで、他の従業員は真面目に規律正しく働いているという場合にも、あえて周知しなければならないという必要性は薄れるともいえます。

　このように考えると、懲戒処分の公表については、万が一にも同じようなことがあっては困るほどのある程度重大な懲戒処分がなされた場合に限り、氏名は公表することなく、今後このようなことがないようにというメッセージ性を込めて行うことを心がけるべきです。そしてこのことについては、社内のルールとしてハッキリと定めておくことが望ましいといえます。

応用のポイント

　ほとんどの従業員は、真面目に規律を守って働くものですが、中には職場の秩序を乱すようなふるまいをする者もあります。そうい

う従業員がいると、職場の士気が下がってしまうので、きちんと注意指導を行い、それでも態度が改まらないようであれば、懲戒処分をするということも考えなければなりません。**懲戒処分は雇用主が従業員に対して与える罰ですが、雇用主と従業員とはあくまでも契約関係である以上、罰を与えることについても、契約上の根拠がなければなりません。**そのため、雇用主が従業員に対して懲戒処分をするためには、就業規則等によって、どのようなことをした場合に、どういう懲戒処分となるのかということを定めておかなければなりません（労基法89条9号）。

　もちろん、定めさえ置いておけば、どういう懲戒処分が行われるかは雇用主の自由自在というわけではありません。その従業員が行った不都合な行為の性質や態様等に照らして、客観的に合理的な理由を欠き、社会通念上相当であると認められないような懲戒処分は、雇用主が懲戒権を濫用したものとして無効となってしまいます（労契法15条）。**懲戒処分は、職場の秩序を維持するために行われるためのもの**ですから、職場の秩序維持に関わらないことがらを処分の対象としてしまうと、客観的に合理的な理由がないとされてしまいますし、秩序に関わることがらであったとしても、処分が重すぎる場合には、社会通念上相当であると認められないということになってしまうというわけです。

　従業員にとって、懲戒処分を受けたということは不名誉なことです。そういう不名誉なことは、他の人に知られたくないことがらです。**懲戒処分があったことを周知するということは、処分を受けた従業員にとって不名誉なことを他の従業員に知らしめることに他なりません。**「悪いことをしたのだから、他の人に知らせないで欲しいとは厚かましい」という考えもあるかもしれませんが、その「悪いこと」に対しては、もうすでに懲戒処分で相応の罰を受けているのですから、懲戒処分を公表することで重ねて罰を与えるという発

想を持つべきではありません。懲戒処分では、一つの出来事をとらえて二重に処罰することはできないので、**懲戒処分があったことを周知するということはあくまでも、その従業員に対する見せしめのような二重の罰を与えるというものであってはならないのです。**

　懲戒処分があったことを社内で周知する目的は、そういうことをした従業員をさらし者にするのではなく、他の従業員に対して、同じような行為をしないようにと呼びかけるというところに置くべきです。そうであれば、周知する対象は、どういう出来事があって、どんな懲戒処分がなされたかということで十分で、**それが誰によって行われたものなのかということは、あえて伝える必要自体がありません。**事業所の規模によっては、結果的にどこの誰の行為によるものかがわかってしまうかもしれませんが、最初から名指しで公表することとはわけが違います。**懲戒処分を公表する場合でも、対象となった従業員の氏名は明らかにすべきではなく、結果的にどこの誰の行為によるものかがわかってしまうことは避けられないとしても、避けられる限りは避けるような配慮をすべきです。**

　こうして懲戒処分を社内で周知する目的というものを考えたとき、どんな懲戒処分がなされた場合でも、もれなくその対象とすべきかどうかという問題もあります。**場当たり的に周知をしたりしなかったりすると、あたかも従業員ごとに対応を区別しているかのようになってしまい、不公平感が生じます。**懲戒処分はそう頻繁に行われるものではありませんから、すべてを対象とするという方法もあり得ますが、他の従業員に対して、同じような行為をしないように呼びかけるというねらいからすると、なんでもかんでも周知の対象としてしまうと、肝心な場面で関心を示してもらえないということもあり得ます。

　たとえば、遅刻や早退があまりに多い従業員に対して、戒告の懲戒処分をしたという場合、「遅刻や早退をしないように」などとい

うことは、あえて注意喚起しなくとも、ほとんどの従業員にとってはごく当たり前のことです。一方で、交通費の不正受給があって、減給処分にしたというような場合には、ほとんどの従業員はそういうことはしないだろうとは思いますが、つい魔が差してしまうということもないとはいえません。このうち、遅刻や早退を理由とした戒告については、社内で周知するまでもないけれども、交通費の不正受給を理由とした減給処分については、あらためて正しい交通費の請求の在り方を確認するという意味で、周知の対象とした方が良いともいえます。そういうことから、**懲戒処分の程度や事業所に実害が生じた場合のみを周知の対象とする**という方法をとった方が、**なぜこれを周知しているのかということが従業員にも伝わりやすく、目的の正しさも説明しやすい**といえます。

　どういう場合にどういう方法で懲戒処分を周知するかについては、社内のルールとして規則等できちんと定めておくことが重要です。こういう定めを置かず、懲戒処分を社内で周知した場合には、見せしめをしているなどというあらぬ疑いをかけられて、トラブルになるリスクを伴います。

　もし、懲戒処分の社内での周知についてのルールがなくて、今まで懲戒処分があっても社内で周知していなかったにもかかわらず、はじめてそういう手順をとるような場合には、特に注意が必要です。なぜこれを周知しているのかという理由として、こういう出来事があったことを他の従業員に示すことが、**職場の秩序維持のために必要だということを説得的に説明すべき**です。それが難しいようであれば、もともと周知する必要性自体に疑問があるので、この際、周知は差し控えるべきだといえるでしょう。

　ところで、懲戒処分を周知する目的が職場の秩序を維持するためにある、という考え方からすると、「社内」での周知はあっても、**「社外」にまで周知する必要性は原則的にはない**ということになり

ます。ただし、懲戒処分の対象となった行為が、取引先や第三者に対して害を与えたようなものであった場合には話が違ってきます。この場合には、**事業所の社会的な信用を回復させるという、また別の目的**がありますから、実際に迷惑をかけた相手先に対して、説明をする必要がある限りにおいては、その従業員に対して、どういう処分をしたのかということを伝える必要があるでしょう。また、ことがらが社会的にも問題になってしまったような場合には、場合によっては、記者会見等で説明する必要が出てくることもあり得ます。

　ただしこの場合でも、求められているのはそういう不祥事に対して、事業所がどう対応したかということであって、その従業員がどうなったかということは、対応方法の一つの内容に過ぎません。なので、相手先がすでにその従業員を特定している場合は仕方ありませんが、原則的には**誰に対して処分をしたのかという個人を特定するようなことがらについては、伝えるべきではない**といえます。

実例でチェック

　Ｘはテレビ局であるＹ社に勤務していましたが、番組制作のために知り合った女子大生に対し、仕事と関係なくプライベートでも親しくなろうと思って頻繁に連絡をとっていました。しかし、当の女子大生は、Ｘと深い間柄になる気は全くなく、Ｘから繰り返して連絡があること自体、嫌になっていました。そのため、Ｘからの連絡にも応答しなくなっていたところ、Ｘから脅迫まがいのことを言われたり、食事に無理矢理誘われたり、その席上でキスを迫られたりなど、様々な迷惑行為を受けました。

　このことを知らされたＹ社は、Ｘに対して、**懲戒休職６ヶ月とい**

う処分を行うと共に、社内の掲示板にＸに対して交付した懲戒通知書を当日１日限定で掲示する方法でこのことを他の従業員にも周知しました。Ｙ社には、懲戒処分がなされたときは、「**原則としてこれを公示する**」という定めがあったことから、Ｙ社の対応はこの規定に則って行われたものだったのですが、Ｘは名指しで懲戒処分が周知されたことが名誉毀損にあたるとして、Ｙ社に対して損害賠償請求をしました（参考裁判例：東京地判平成19年４月27日労働経済判例速報1979号３頁）。

　懲戒処分が行われたことを社内で周知した場合、当然、その懲戒処分が有効でなければなりません。**万が一、懲戒処分そのものが間違いであった場合には、事実と異なることを他の従業員に伝えてしまったことになるので、名誉毀損の問題が生じてしまうことになり**ます。もっとも、今回のケースでは、Ｘがこのような行為に及んだこと自体は本当のことであり、やっていること自体もＹ社の信用に関わることがらであったといえるでしょう。実際のケースでは、懲戒処分そのものが無効だという主張もＸから行われていましたが、さすがにそれは無理な話だったといわざるをえません。

　そうするとＹ社としては、現にＸに対して懲戒処分がなされたという事実をありのまま周知しただけですので、そもそもそれがＸの名誉を毀損するのかどうかという疑問が出てくるかもしれません。しかし、**法律上の名誉毀損とは、その人の今ある社会的評価を下げることをいいますので、ことがらが真実であったとしても、そういうことを知らない人にあえて事実を伝えることで社会的評価が下がってしまうのであれば、理屈の上では名誉毀損になってしまうことがあり得ます。**ですので、「本当のことを言って何が悪い」というような単純な割り切り方ではことは済まないということになるのです。

　懲戒処分を社内で周知することが名誉毀損にあたるかどうかは、

そうすることにどういう正当な目的があるのかというところに左右されます。もともと懲戒処分は社内の秩序維持のために行うものですから、誰かに懲戒処分がなされたことを周知するとしても、それもまた社内の秩序維持のために行われなければなりません。けして**見せしめ目的になってはいけないので、やりすぎは禁物**ということになります。

　今回のケースでは、ことがらの性質上、同じようなことが万が一にもあってはならないので、こういうことが発生しないようにという目的で、懲戒処分が行われたことを社内で周知したとしても、それ自体が間違っていたということにはならないでしょう。とはいえ、Xに対して交付された懲戒通知書をそのまま掲示したことはどうだったのかというと、議論があるところです。実際の裁判例では、社内規程で懲戒処分がなされれば原則公示するということが定められていたことや、掲示されたのが当日1日限定だったことなどから、やり過ぎには当たらないとして、名誉毀損にもならないという判断が示されています。

　そうすると、社内の規程で公表のルールを定めておけば、あまり長々と期間を設けるようなものでない限り、懲戒通知書をそのまま掲示する方法であっても、裁判になったところで実際には名誉毀損の請求は認められないのではないか、などという見方も出てくるかもしれません。ですがそれは、懲戒処分の対象となった事情があまりにもひどくて、「これを隠しておいて欲しいということの方がおかしい」といえるほどにまで、裁判所を説得できればの話です。ほとんどのケースでは、そこまでのことはなかなかいえず、どうかすると懲戒処分の有効性そのものもきわどいことさえあり得ます。まして、このケースのような**公表のルールについての社内規程がないのに、誰が懲戒処分の対象となったかを特定して社内で周知することが全く問題ないとは到底いえません。**

　懲戒処分とその事実を社内で周知するという目的に立ち返れば、やはり当人の氏名を名指しで特定することには必要性自体が乏しいといわざるを得ません。この裁判例は時々、懲戒処分の事実を社内で公表することの可否として参照されますが、あまりに事案が特殊すぎたものなので、飛びついてしまうのは危険なものとして心得ていただくべきものといえます。

Q24 従業員が社用車で交通事故を起こしました。修理費用を請求したいのですが、給料から差し引いてもよいでしょうか。

A24 給料からの差し引きはできないと考えておくべきです。あくまでもその従業員との話し合いの上で、どこまでの額をどうやって支払っていくかを決めるべきです。

解決のポイント

　自分の不注意で他の人が持っている物を壊してしまったら、弁償しなければならないと思うことが道理といえるでしょう。従業員が社用車で交通事故を起こしたという場合も、同じように考えれば、事業主としては、弁償を求めることができて当然で、確実に支払ってもらうためには、給料から差し引いたとしても、文句はないだろうと思われることでしょう。

　ですが、自動車の修理費用ともなると、そこそこのお値段になるわけですから、**もし弁償分を当然に給料から差し引くことが認められるのだ、ということになれば、その従業員は生活がままならなくなってしまうことさえあり得ます。**もちろん、そんな無茶な差し引きの仕方はしない、ということになるでしょうが、どこまでの金額をどういうタイミングで差し引きするかを雇用主の考え方に任せて良い、ということになると、結局、限度というものがないので、極端なことが起きないとも限りません。

　そういうことから、**従業員の給料は、全額を残らず支払わなければならないということが法律で決まっており、弁償分の差し引きは**

　もちろん、**税金や社会保険料など、法令で決まっているもの以外、給料から天引きするということ自体が、原則的には許されません**（労基法 24 条 1 項）。

　従業員からの弁償は、どういう方法で、どれだけの額を支払うのか、話し合いによってきちんと取り決めを行い、その取り決めに従って、支払いを受けるべきだということになります。**給料は給料として全額支払った上で、そこからどのように工面して、弁償を行うかは、従業員に任せなければならない**ということになります。

　真面目な従業員であればあるほど、弁償できないままずっと続くということは気になるものです。この際いっそ、毎月の給料から差し引いて欲しいという申し出が、従業員の側から出てくることもあるかもしれません。**理屈の上では、雇用主が一方的に、弁償分を給料から差し引きすることは法律によって禁止されているものの、従業員の方から心の底から申し出ているのに、なお給料から差し引きすることは許されない、というわけではありません。**しかし、そういう真面目な従業員であれば、そこまでのことをしなくとも、おそらくきちんと弁償をすることでしょう。

　問題はむしろ、きちんと支払うかどうかわからないという従業員の方です。実際に物を壊した当日には、さすがにしおらしくして、給料の天引きで弁償させて欲しいなどと申し述べてくるかもしれません。そのまま何の問題も起きなければ良いのですが、もし「あのときはそう言ってしまったが、心の底からそう思っていたわけではない」などと主張されてしまうと、たちまち困ってしまいます。一度言った約束をあとから引っ込めることが許されるのか、とは思いますが、**こと給料に関することについては、法律はとことんまで従業員を保護しようという立場をとります。**たとえ書面で合意をしていたとしても、「事故を起こした当日は、気が動転していて、合意をしてしまった」とでも主張すれば、**「心の底からの申し出ではな**

かった」などとして、合意は無効であるという判断が出てしまうこともあります。

　ところで、事業活動で生じた「利益」を全部従業員へ還元するということはあり得ません。ならば事業活動で生じた「損害」も全部従業員に負担させるというのも、バランスがとれない話です。ですので、従業員の不注意がひどすぎる場合は別ですが、うっかりミスで大きな損害が出た場合でも、その全部を負担させて良いのかという問題があります。**こうした損害は本来、保険でカバーしておくべきで、従業員に弁償させることは、そもそも例外中の例外だと考えておくべきでしょう。**

応用のポイント

　従業員が何のために働くかというと、それはもちろん給料をもらうためで、給料を支払ってもらえなければ、生活がままならないということになります。そういうことから、法律は給料の支払いについては特に大原則中の大原則として確実なものとするように定めており、**①通貨で、②直接労働者に、③全額を、④毎月1回以上、⑤一定の期日を定めて支払わなければならないという5つの原則が定められています**（労基法24条）。**弁償に限らず、従業員に支払ってもらわなければならないお金がある場合でも、雇用主の側から一方的に給料から差し引きするということは、このうちの全額払いの原則に違反してしまうので、法律上、認められませんし、30万円以下の罰金という罰則の対象にもなっているので、かなり厳しい原則**だということができます（労基法120条1号）。

　もっとも、全額払いの原則には、税金や社会保険料等、法令で定められているもののほか、従業員代表と労使協定を締結すること

で、給料から控除することができるという例外があります（労基法24条1項但書）。そうすると、従業員が仕事をしている最中に職場の備品を破損した場合などの弁償分についても、**労使協定で定めておけば、給料から差し引きできるのではないか**、という考えが出てくるかもしれません。ところが**労使協定で定めることで給料から差し引きできる支払いは、どういう事情で、どれだけの金額か、最初からハッキリしているものでなければならないという、「事理明白」といわれるものでなければならない**とされています（平成11年3月31日基発168号）。**弁償はことが起こらないことには、従業員にどれだけの責任があって、また実際にどれほどの額になるかはわからないので、事理明白なものとはいえません。**そのため、労使協定で弁償分も給料から差し引くと定めたとしても、効力はないということになります。

　このように、雇用主の方から一方的に、弁償分を給料から差し引くということは、法律上、どうあっても認められないということになります。では雇用主が一方的にするのではなくて、むしろ**従業員の方から申出があった場合**はどうでしょうか。真面目な従業員であれば、申し訳なさのあまり、そういう申出をすることも十分あり得るでしょう。給料を一度受け取ったあと、その場で弁償分を雇用主に支払うということは、当然認められるわけですから、従業員の方から是非そうして欲しいという申出があれば、一手間省いて給料から天引きをしたところで、問題はないといえるでしょう。

　ですが、とにもかくにも従業員の方からの申出だという形さえとってしまえば、こういうやり方が許されるとあっては、後ろめたい気持ちのある従業員は、心の底では嫌だと思っていても、断り切れずに「給料から差し引いてください」という申出をせざるを得なくなるでしょう。ですので、こういう方法が認められるための**従業員からの申出は、自由な意思で行ったと認められるだけの客観的かつ**

合理的な理由がなければならないとされています（最判昭和 36 年 5 月 31 日民集 15 巻 5 号 1482 頁［日本勧業経済会事件］）。この客観的かつ合理的な理由というものは、ごく簡単にいえば、誰でもそれぐらいの額であれば、給料から差し引いて欲しいと申し出るだろうというようなものです。金額が大きくなれば、それだけで誰もが給料から差し引いて欲しいと申し出るとは限らないでしょうし、あえて従業員から弁償してもらわなければならないほどの損害が出ているような場合には、給料からの差し引きが従業員の自由な意思によるものと認められる場合は、ほとんどないといえます。そのため**結局は、給料からの差し引きによる弁償分の回収はできないと考えておくべきことになります**。

　給料からの差し引きができない以上は、弁償は従業員がきちんと誠意をもって自主的に行うことに期待せざるを得ません。しかし、額があまりにも大きいと、一括での返済は難しいといえますし、分割にしたところで、完済までに何年もかかってしまい、最後まできちんと支払い切ってくれるかどうか、心許ないところです。そのため、**どういう条件でどれだけの額を支払うかについては、従業員とよく話し合って、自主的に行える現実的な内容のものとすることが、長い目でみれば、確実な回収につながります**。そして合意がととのった場合には、きちんとした合意書にとりまとめておくことが重要です。

　弁償の方法について、合意書をとりまとめておけば、万が一、従業員が約束を守らずに支払いを滞らせたようなときには、裁判に訴え出るということも考えられます。ですが、在職中の従業員に対して裁判を起こすということは、あまり望ましい方法とはいえません。さらにいえば、仕事の最中に起こったことで、従業員に弁償を求めること自体がどうなのだろうかということも考えなければなりません。他人の物を壊したのだから、弁償するのは当たり前だ、と

いえばたしかにそうなのですが、そこで生じた損害の「全部」を従業員に転嫁できるというのは、雇用主と従業員という関係をふまえると、不公平なところがあります。雇用主は、従業員に働いてもらうことで、当然、業務上の「利益」を得るわけですが、その利益から従業員へ還元するのはごく限られた範囲です。利益は全部還元しないのに、損害は全部負担させるというのは、よくよく考えると、おかしくはないでしょうか。そういうことから、**裁判例上は、従業員が仕事の最中に失敗をして、雇用主に損害を与えた場合であったとしても、全額の弁償までは認めず、その範囲はあくまでもケースバイケースですが、傾向としては3割から4割程度に限定されることが一般的**です。こうした損害が生じてしまった場合には、従業員に責任を負わせるのではなく、保険によってカバーできるように態勢を整えておくことの方が建設的だといえます。

　もっとも、従業員がお金を横領したり、会社の商品を横流ししていたというような、故意に基づくもののような場合には、単に「失敗」をしたという次元を超えています。こういう場合にまで、弁償の制限が求められるわけではありません。社用車で交通事故を起こしたという場合でも、ほとんどはちょっとした不注意によるものですが、飲酒運転や危険運転など、従業員の落ち度が甚だしい場合にも、同様に考えることができるでしょう。

実例でチェック

　Xは運転手としてY社に雇用されていた従業員でした。普段は小型の貨物自動車の運転をしていたのですが、時々、タンクローリーを運転することもあり、その日も臨時的にタンクローリーの運転をY社から命ぜられていました。

　X自身は普段からの勤務成績も悪くなく、自動車の運転技術も特に劣っているわけではありませんでしたが、その日のタンクローリーは重油がほぼ満載で、たまたま交通渋滞に引っかかってしまったところに前の車が急停止したということも重なって、**運悪く追突事故を起こしてしまいました。**

　Y社は経費削減のため、車両保険等には加入していなかったため、この事故で生じた相手方車両やタンクローリーの修理費用等は自腹で負担せざるを得なくなり、おおむね**40万円程度の損害**となりました。そこでY社は、**その全額をXに対して請求して、確実に回収したい**と考えています（参考裁判例：最判昭和51年7月8日民集30巻7号689頁［茨城石炭商事事件］）。

　追突事故は、基本的には追突した側が全面的に悪いということになるので、Y社としては、事故を起こしたXに責任があると考えて、実際に被った損害分40万円全部を弁償して欲しいと考えることはごもっともといえそうに思います。**これを確実に回収しようとすると、給料からの差し引きしてはどうかということが考えられますが、これは賃金全額払いの原則（労基法24条1項）に違反してしまうので、やってはいけない**ということになります。ですので、実際の事例でも、さすがにY社はこれを給料から差し引きしてしまおうとはしませんでした。

　ではもし、**Xの方から申し出があって、Y社の一存ではなく、お互いの合意の上で給料から差し引きする**ということであればどうだったでしょうか。判例上も、従業員が自由な意思で行ったと客観的かつ合理的に認められる事情があれば、こういった合意もできるとされています。裁判例上も、弁償の事案ではありませんが、他所からの借金を一括で返すために会社から借金をした分について、従業員の申し出によって退職金との相殺を求めたという例で、合意による退職金からの差し引きが認められたという例もあります（最判平

成2年11月26日労働判例584号6頁［日新製鋼事件］）。

　ただしこの事案は、会社から借金をするという仕組みが、従業員の福利厚生として用意されており、利子の一部を会社が負担することとなっていて、この制度を利用する代わりに退職金からの差し引きをすることになっても、従業員側に目に見えたメリットがあったことや、毎月の給料ではなく、退職金が対象であったことなど、特異な例だといえるでしょう。この裁判例があるからといって、**毎月の給料から、特に弁償分の差し引きをするということまで認められるとは、考えない方が良い**といえます。

　設例に戻って考えてみたとき、たとえXの方から申し出があったとしても、もしあとからXが「やっぱり心の底からそうして欲しいとは思っていなかった」などと主張されてしまうと、合意の効力はひっくり返されてしまう可能性が大きいといえるでしょう。ですので、Y社があえて給料からの差し引きという方法はとらず、あらためて40万円の損害分の弁償を求めるという遠回りな方法をとったことは、裁判例の傾向を踏まえると無難な選択だったといえるでしょう。しかし、**実際の裁判例では、Y社からXに対する40万円の請求のうち、4分の1程度しかXの支払義務が認められませんでした。**

　判例の考え方としては、雇用主が従業員を働かせることで利益を上げている一方で、損害が出た場合には全部従業員に負担させるというのでは、バランスが悪いという感覚が背景にあり、①事業の性格、規模、施設の状況、②被用者の業務の内容、労働条件、勤務態度、③加害行為の態様、④加害行為の予防もしくは損失の分散についての使用者の配慮の程度、⑤その他諸般の事情を考慮して、**「損害の公平な分担という見地から信義則上相当と認められる限度」**であれば、雇用主から従業員への弁償の請求も認められるとしています。

　これが具体的にどういう範囲になるかはケースバイケースです

が、**事業にもともとある程度のリスクがあって、そのリスクが現実化したという事情が強い場合には、従業員へ弁償を求めることができる範囲はかなり狭くなる**といえます。設例のタンクローリーの件などは、自動車を運転させる以上は、事故が発生することもある程度はあり得るといえばそうなので、従業員へ弁償を求められる範囲はかなり減ってしまったものと分析することができます。

　逆に、**通常の仕事の進め方の範囲からあまりも大きくはみ出した行動によって損害を与えたというような場合には、制限なしに弁償を求めることができる場合もあります**（東京地判平成 10 年 4 月 22 日労働判例 746 号 59 頁［社団法人日本国際酪農連盟事件］）。従業員に対して弁償を求めるときには、全額弁償を求めること自体が適当かどうか、慎重に検討することが必要だといえます。

第 5 章

退職
～立つ鳥が跡を濁すのですか？～

| Q25 | 退職届を受理した従業員から、「やはり辞めたくない」という申し出がありました。応じなければならないのでしょうか。 |

| A25 | 双方で退職の「合意」が成立したと認められるまでは、退職届の撤回が認められる場合があるので、退職を積極的に認める場合には、「承諾」の意思表示をしておくべきです。 |

解決のポイント

　人手不足の昨今では、せっかく育った従業員が辞めるということ自体が痛手なので、引き留めたいということもあるかもしれません。ですが、**正社員についていえば、退職の申出をしてから14日間経てば、本人の意思が固い限り、雇用主がどれだけ引き留めたくとも、退職の効力が生じてしまいます**（民法627条1項）。そんな急に辞めると言われても困るので、ほとんどの会社では、退職したいときには30日程度前に申し出なければならないなどという定めが置かれていることが多いのですが、ここでは法律の方が優先します。どうしても早く辞めたいという人は、就業規則で置いている期間まで待てとはいえませんし、まして期間を守らなかったから退職は認めない、などということもできません。

　もっとも、残ってもらいたい従業員ばかりではなくて、正直なところ、辞めてくれて良かったという場合もあるかもしれません。こういう従業員から退職届が出てきたときには、内心で一安心と思いがちですが、このご時世、再就職はそう簡単な話しではありません。あとから思い直して「やっぱり辞めたくないので撤回します」

などという申し出があることも、珍しいことではないのです。

　厳密なことをいうと、一口に退職届といっても、「辞めます」という固まった意思を伝えるものもあれば、「辞めさせてください」という申し出にとどまるものもあります。「辞めます」といわれてしまえば止められないのであれば、新しい人の採用に走り回ることもあるわけで、そのあとで「やっぱり辞めたくない」などといわれても困ります。なので、こういう勝手な申し出は原則的に認められないということになります。ところが**「辞めさせてください」という申し出だと、雇用主側が「わかりました」として承諾するまでは、まだ退職の効力は未確定**だということになります。この場合には、**雇用主が何もいわずにそのままにしておくと、「やっぱり辞めたくない」という撤回もできてしまう**ということになるのです。

　退職届がどちらの意味を持っているか、標題や文面だけを見て区別できれば良いのですが、なかなかそうはいきません。よくわからないまま、これは「辞めます」という意思表示だから、もう撤回はできないものだと決めつけてしまうことも危ないということになります。もし、退職の効力を確定させておきたいのであれば、「辞めます」なのか「辞めさせてください」なのかに関わりなく、**「承諾」の意思表示をしておくべき**だといえます。

　なお、契約社員やアルバイトのように、期間を定めて雇用している従業員は、やむを得ない事由がないと、期間の途中で一方的に辞めるということ自体ができません（民法628条）。とはいえ、実際には期間の途中でも辞めてしまう従業員は多々あります。これは従業員が一方的に辞めるのではなくて、「辞めさせてください」という申し出を、雇用主も「承諾」することで合意の上で契約を解消しているということになります。ですので、**契約社員やアルバイトから退職の申し出があって、雇用主としても辞めてもらって構わないと思っているときには、「承諾」の意思表示をして退職の効力を確**

定しておくことが必要不可欠ということになります。裏を返せば、
「承諾」しなければ、辞めることができないということになりますが、そうして頑張ってみても、無断欠勤されてしまうだけで結局引き留めることはできないので、辞めたいという従業員は、追いかけないことが肝要といえます。

応用のポイント

　従業員が仕事を辞めるということは、雇用契約を従業員の都合で解消するというものです。契約は本来、どちらかの勝手な都合で解消するということはできないはずですが、雇用契約の場合は少し事情が違います。誰にでも**職業選択の自由**が保障されていますから、今とは違う仕事に就くことも保障されていなければなりません。正社員の場合、定年という年齢制限はありますが、何年間という期間を定めて雇用する方法ではありません。長いお付き合いの間には、転職をしたいということもあるかもしれませんし、家庭の事情で辞めなければならないこともあるかもしれません。こういったことは職業選択の自由の一環として保障されなければならないので、**期間の定めのない雇用契約の場合は、申入れから14日間が経過すれば、従業員は仕事を辞めることができる**ことになっているというわけです（民法627条1項）。

　他方で雇用主側から雇用契約を解消すること、つまり解雇することも、本来は雇用主の権利なのですが、完全に自由というわけにはいかず、客観的に合理的な理由を欠き、社会通念上相当と認められない場合には、解雇権を濫用したものとして無効となるということが法律で定められています（労働契約法16条）。解雇権濫用という考え方には、色々な説明の仕方がありますが、従業員の職業選択の

自由と関連させて理解するならば、**転職するだけでなく、今の仕事を選び続けるという自由もあるので、雇用主の都合で解雇されることからも保護されている**ということができます。

　もっとも、契約社員やアルバイトなどの場合には事情が違います。こういった従業員は、非正規従業員などと呼ばれることもありますが、何が非正規かというと、事情が許すのならば、本来はみんな正社員として雇いたいものの、なかなかそうはいかないので、臨時的に変則的な雇い方をしているという意味合いが込められています。つまり、非正規従業員は足りない部分をあえて補っているので、定められた期間は確実に働き続けてもらわないと困ります。そういうわけで、**期間を定めて雇用されている従業員については、期間の途中で辞めようと思っても、やむを得ない事由がないと認められないことになっている**というわけです（民法628条）。

　ですが、辞めたいといっている人を無理矢理働かせたところで、きちんと働くかどうかわかりませんし、そもそももう出勤してこないかもしれません。ですので、**実際には、期間の途中では簡単には辞められない、雇用主の方で「法律で辞められないことになっている」などといっても実益が乏しいので、法律の定めはともかくとして、お互いの合意で退職を認めている**ということになります。

　仕事を辞めるということは、一大決心です。特に昨今の社会情勢の下では、今の仕事を辞めたところで、次の仕事がすぐに見つかるとは限りません。中には辞めるといったことを後悔して、退職の申し出自体を撤回するという者もあります。あるいは、思いがけず退職勧奨を受けて、気が動転しまい、冷静さを欠いて、つい退職届にサインをしてしまった、などという言い分もあるかもしれません。ともあれ、**退職の申し出をしたのに、やっぱり撤回をしたいという話が出てくることは、そう珍しい話ではない**のです。

　理屈の上では、**正社員が自分から「辞める」という意思表示をし**

た以上、そこで雇用契約は解消されてしまっており、あとは14日間が経過すれば自動的に退職の効力が生じることが決まってしまっています。ですので、**あとからこれを撤回して、雇用契約を復活させることなどできないはずです。**しかし、それが「**辞めたいと思っているので、会社の方でも考えてもらえないか**」というニュアンスであれば、雇用主の方でも「**わかりました**」と承諾するまでは、ま**だ雇用契約は生きている**ので、**退職の申し出自体を撤回してしまえば、そのまま雇用契約が続く**ということになります。そういうわけで、退職の申し出がこのどちらのニュアンスかによって、本来は退職の申し出を撤回できるかどうかが左右されるということになります。

　といっても、退職したいという意思表示が、雇用契約を従業員主導で解消してしまうという意味での「辞める」というものなのか、それとも雇用主の「承諾」を得て辞めようというものなのかは、**そう簡単に区別できるものではありません。**たとえば「退職届」という標題で「〇月〇日をもって退職致します」という書かれ方をしていると、一見、確実に雇用契約を解消しようという趣旨に読めますが、その後のやりとりで、雇用主の意向をうかがったり、雇用主の側から慰留して、本人も少し考えてみるというようなそぶりを見せていた、などという場合には、雇用契約の解消はまだ流動的で、退職の申し出も雇用主の承諾を待って、はじめて契約を解消しようという趣旨だったと評価される可能性があります。こういった区別はあくまでも理屈の問題で、実際には、従業員にとって最も都合の良い解釈が通用してしまいかねないと理解しておくべきです。

　退職の申し出について、従業員にとって最も都合の良い解釈は、両方のニュアンスが混じった受け止め方で、**従業員が心変わりしなければ、雇用主が慰留したいと思っても、申出から14日経過したら退職の効力が生じてしまい、やっぱり辞めたくないと思えば、雇用主が退職を「承諾」するまでは、申し出自体を撤回することがで**

きるという考え方です。理屈を詰めると奇妙なことではありますが、要するに、従業員が辞めたいという意思をずっと持ち続けていれば、結局、引き留めることはできないし、だからといって何もしないでいると、心変わりをして退職の申し出自体が撤回されて、振り回されることにもなりかねない、と考えておくべきだといえます。

　辞めたいという従業員を押しとどめることは、雇用契約に無理矢理しばりつけることになるので、現代社会では許されないことです。逆に、辞めて欲しいと思っていた従業員から退職届が出てきたならば、あえて退職届を撤回できる余地を残しておく手はありません。こういう場合には、**退職手続を案内する書面に一言、「大変残念ではありますが、あなたの退職の申し出を承諾します。ついては…」と添えるだけでも良いので、雇用主としての「承諾」の意思表示を確実に行っておくことが重要**だといえます。

実例でチェック

　Xは学生時代より政治活動に熱心で、Y社に就職後も、α団体に所属して、Y社に知られないように注意しながら、Y社の同僚であるAと共に、他の従業員に向けて、α団体の政治活動へ参加するよう、勧誘活動を続けていました。

　ところがAは、熱心なXとは違い、α団体から脱退したいと思うようになりましたが、簡単には脱退することができず、思い悩んだあまり、誰にも何も告げず、住んでいた社員寮から姿を消してしまいました。

　Aのことを心配したY社担当者は、Aが行方の手がかりになる資料がないかとAが住んでいた社員寮の部屋を調べたところ、姿を消す直前に、Xと接触していることを裏付ける資料を見つけ、なおか

つＸとＡとがα団体に所属して、政治活動をしていたことを知りました。

　そこでＹ社担当者は、ＸにＡの行方を尋ねたところ、Ｘは知らぬ存ぜぬを通したため、Ｙ社は人事部長と部下２名の立会いの下、ＸをＹ社応接室に呼び、ＸとＡとがα団体に所属していることや、Ａが姿を消す直前に、Ｘと接触していたことを裏付ける資料を示して、重ねてＡの行方について尋ねました。

　するとＸは急に動揺しはじめ、退職すると言い始めました。Ｙ社としては、ただＡの行方を知りたかっただけで、Ｘに辞めて欲しいとは考えてもいなかったので、Ｘが辞める必要はないと慰留をしましたが、**Ｘは頑なに退職するといって聞かず、一身上の理由により退職したい旨の退職願を提出したので、Ｙ社の人事部長が受領して**その日は終わりました。

　ところが翌日、Ｘは早まったことをしたと思って弁護士に相談したようで、すぐさま**退職の申出を撤回する旨の内容証明郵便をＹ社に発送し、応接室での面談があった翌々日にＹ社に届きました**（参考裁判例：最判昭和62年9月18日労働判例504号6頁［大隈鐵工所事件］）。

　退職届が提出されたとしても、無理矢理に書かせたものであったり、事実と違うことを伝えて、退職しなければならないと誤解させて提出させたというような事情があれば、退職の申出自体に問題があったということになるので、撤回されたとしても、雇用主側として文句はいえないでしょう。しかし、設例のケースでは、Ｙ社としては、Ｘに辞めてもらおうなどとは全く思っていなかったわけで、むしろ慰留していたのですから、退職の申出自体に問題があったとはいえないでしょう。なのでここでは、当時としては本気で行った退職の申出を、やっぱり気が変わったからといって撤回できるか、ということが問題となります。

　まず、Xの申出が、Y社の承諾があろうとなかろうと辞めるのだという意思表示だとすれば、そういう申出をした時点で、雇用契約を解消するという効力自体は確定して生じていますから、後から撤回するといっても認められないということになります。設例では、なるほどXの意思は固かったように見えますが、あえて退職願という形式がとられていることもふまえると、**あくまでも退職したいという希望を伝えるというもの**で、Y社の承諾待ちだと考えるべきでしょう。

　もっとも、このケースではY社の人事部長がXの退職願を受領しているので、Y社としてはその時点でXの退職を承諾したと考えられるのではないか、ともいえます。実際のケースでは、Y社の規程で人事部長に退職願を承認する権限があると解釈できる規定もあり、裁判所としては、Xによる退職の申出の撤回は、すでにY社が承諾したあとに行われたものだから、もはや手遅れだという判断を示しました。

　そういうことで、結果的には、Xによる退職申出の撤回は認められないということになりましたが、これはたまたまY社の人事部長が退職願を受領したというケースで、なおかつ社内規程上も人事部長に退職願を承認する権限があるということが定められていたからです。そこまでのことが重なるのは、そうはないので、実務的な対応としては、**従業員からの退職申出をそのまま受け入れようというのであれば、雇用主として、ハッキリとした退職承諾の意思表示を書面で行っておくべき**だといえるでしょう。通常は退職後に諸々の手続が必要になりますので、その書類を交付する際にでも、「貴方からの◯月◯日付の退職申出を承諾します。ついては…」のような一文を添えて、その写しを残しておくことで証拠化しておくという方法でも意味があります。書式として用意しておくことも一つの方法です。

Q26 退職にあたって、残っている有給休暇を買い取るように求められました。買取りに応じなければならないのでしょうか。

A26 雇用主には有給休暇を買い取る法律上の義務はありませんが、退職に至る経緯について、トラブルが生じているようであれば、解決の一環として買い取りをすることもあり得ます。

解決のポイント

　有給休暇は、法律によって当然に認められている権利です。「我が社には有給休暇など存在しない」などというのは論外ですし、「私用での有給休暇の取得は認めない」ということもできません。ですので、**従業員が有給休暇を取得したいと求めてきたならば、法律が認めている日数分については、雇用主として拒否することができない**というのが原則です。

　ですが、有給休暇は実際に休むために用意されている制度です。雇用主の方から、その分の給料を支払うから休まないでほしいと求めることはできません。では、**従業員の方から休まない代わりにその分の給料を支払ってほしいという請求を雇用主に対してすること**はできるのでしょうか。これがいわゆる**有給休暇の買取り**という考え方です。

　労働法の世界では、法律がこのようにせよ、と定めている場合、雇用主にはそのとおりにふるまうことが求められる一方で、従業員がかえってそれを不便だと思うのならば、心の底からこれと違う取扱いをして欲しいという場合には、別な方法での対応ができるとい

うものが時々あります。有給休暇についても、「別に休みたくない
ので、その分、お金で払ってほしい」という発想も、もしかしたら
あるかもしれません。ところが、**こと有給休暇については、従業員
の方からの申出であったとしても、休まない代わりに買取りをす
る、ということは原則的に認められていないのです。**

　そうすると、従業員が急に退職することになってしまったとき
には、有給休暇が未消化のまま残ってしまうことになります。従業員
の立場からしてみると、何か損をした気持ちになるかもしれません
が、雇用主の立場からすると、有給休暇は従業員自身がいつ、どの
タイミングでとるかの主導権を持っているのですから、自分自身の
判断で取得しなかった分を、雇用主の負担で買い取れというのも、
納得しがたいところです。どちらの言い分も、それなりに理由があ
るといえます。そこで中間的な考え方として、**退職時に限っては、
従業員に要望があって、雇用主も買い取ることに応じるというので
あれば、有給休暇の買取りも認められる**とされています。

　このように、退職時の有給休暇の買取りは、雇用主がそうしても
良いというのであれば、買い取ることもできるという限度のもの
で、従業員から雇用主に対して、当然に求めることができるわけで
はありません。ですので、**たとえ従業員から買取りの請求があった
としても、雇用主が応じなければならないという義務はありません。**

　とはいえ、世の中では退職時の有給休暇の買取りは、よく行われ
ています。従業員が退職するのには、いろいろな事情があり、有給
休暇の買取りに応じることで、少しでも余計なトラブルを生まない
ようにするということもあり得ます。**もし従業員との間で交渉ごと
になった際には、有給休暇の買取りということは、必ずしも非常識
なことではないので、雇用主側からの譲歩の内容とすることも視野
にいれてよいでしょう。**

応用のポイント

　終身雇用が当たり前だった昔であれば、一つの職場で定年まで勤め上げることもまた当たり前で、自己都合で急に辞めてしまうという人は、例外だったといえます。ところが最近では、そもそも正社員として働くこと自体が当然ではなくなっており、何かのきっかけで急に辞めてしまうという従業員が出てくることも、そう珍しい話しではありません。

　仕事を辞めるということは一大事ですから、よくよく考えて、損をしないように行動すべきことです。有給休暇もそのうちの一つで、退職してしまったあとは、もう従業員ではないわけですから、それ以後に有給休暇などというものを取得できるはずがありません。**退職時点でどれだけ有給休暇が未消化であったとしても、退職してしまえばその権利は消えてなくなってしまう**というわけです。

　退職の決断は、従業員が自分ですることですので、未消化の有給休暇を取得する権利が消えてしまうことを避けようとするならば、退職日を調整して、有給休暇を全部使い切ってから、退職するようにすれば良いというものではあります。理屈ではそうなのですが、従業員の中には、一日でも早く辞めたかったので、そんな計算をしている余裕はなかった、という言い分を持っている者もあるかもしれません。その動機が正しいか間違っているかはさておき、現実問題としては、有給休暇を消化しきれないまま、退職の申し出をするという例も少なからずあります。

　このように未消化の有給休暇を残したまま退職した従業員からは、雇用主に対して、その分を現金で買い取って欲しいという要求がなされることがあります。ですが、有給休暇はもともと、「休む」ことこそが制度の目的です。もし、お金を払えば有給休暇は取得さ

れなくなるということであれば、その方が助かるという雇用主もおられるのでないでしょうか。仮にこういう方法が許されたならば、有給休暇を使って「休む」ということ自体、実際にはあり得ない、という世の中になっていたかもしれません。そうなっては、有給休暇の制度の意味自体がなくなってしまいます。そういうことから、**有給休暇を買い取るということ自体、やってはいけない**のだという昔からの通達があり（昭和30年11月30日基収第4718号）、雇用主の方からはもちろん、**従業員の側から買い取るように求めることもできない**こととなっているのです。

　もっとも、**退職時に未消化**となった有給休暇は、もう実際に取得して休むということ自体ができないのですから、買い取ったとしても、有給休暇の制度に意味がなくなるというわけではありません。むしろ、買い取りができた方が、従業員にとって有利です。だからといって、雇用主に買い取ることを強制させることは、やはりスジが違うので、あくまでも**雇用主が応じるのであれば、買い取っても構わない**という限度にとどまります。この場合の金額は、通常、有給休暇を取得した場合に支払われる金額を基準にして支払うこととして、平均賃金で計算をしている場合には平均賃金で、欠勤控除をしない方法としている場合には、仮にその従業員がその月も在籍していたならば支払われたであろう日割計算額で算定するのが最も合理的であるといえます。とはいえ、そもそも退職時であっても、有給休暇の買い取りは雇用主の義務ではないので、このあたりの金額も従業員との話し合いによって、合理的な額を確定することになります。

　退職時の有給休暇の買い取りが雇用主の義務ではないのであれば、**従業員から要望があったとして、これに応じなかったとしても、法違反にはなりません。**ですので、拒否してしまうことも理屈の上では可能ですが、退職に伴って何かしらのしこりがあるような

場合には、社会常識的にみても必ずしも不合理なことではないので、**有給休暇の買い取りを譲歩として応じることで、円満解決をはかった方が良い**といえます。

　ところで、有給休暇を「買い取って欲しい」というのではなく、**「全部消化してから退職する」という申し出**があった場合、雇用主は「それは困る」といって拒否することができるでしょうか。そういう辞められ方をすると、引継ぎも何もされないまま、その従業員がいなくなってしまうことになるので、実際問題、とても困ってしまいます。雇用主には、有給休暇の取得が事業の正常な運営を妨げるときには、別の時季に変更することができるという時季変更権というものがありますが（労基法 39 条 5 項）、これは有給休暇を「取るな」といえる権利ではなく、「別の時季にせよ」といえるにとどまるものです。変更後の時季として、退職後の時季を指定することなどできないので（昭和 49 年 1 月 11 日基収第 5554 号）、退職前の時季を指定することができない限り、**退職時に一括して取得される有給休暇は時季変更権の対象とはなり得ない**のです。

　時季変更権の行使ができない有給休暇の取得は、法律上、雇用主として制限することができません。引継ぎも何もしないで辞めてしまうというのは、とても非常識なことですが、無理矢理に引継ぎをさせるということもできないので、引継ぎをしないことがその従業員にとっても不利益になって跳ね返ってくるようにでもせざるを得ません。そのためにはまず、**就業規則で従業員が退職しようとする際の義務として、雇用主が指示した引継ぎを行わなければならないことを定めておくべき**です。それにもかかわらず、引継ぎをしなかった場合には、**退職金の減額事由として、金銭的な不利益につながることを明らかにしておく**ことが考えられます。

　そこからさらに進んで、**引継ぎをしないことで職場に迷惑がかかったことを理由に、迷惑料を請求して、その分、最終の給料から差**

し引く、などということがあり得るでしょうか。実際、その従業員が引継ぎをしなかったことで、どういう問題が生じて、それが金銭的にいくらの損害につながったか、ということが厳密に説明できれば、損害賠償という余地がないわけではありません。しかし、**「迷惑がかかった」という事実を金銭的に評価することは不可能**です。あるいは「他の従業員に余計な残業を強いることになって、その分、余計な人件費がかかった」などという主張も出てくるかもしれませんが、法律は「そういう人手不足は雇用主の責任だ」とバッサリ切ってしまいます。だからといって、最初から「引継ぎをしないで退職したときは、○○万円を支払ってもらう」というような約束をすることは、法律で禁止されていますし（労基法16条）、給料から賠償額を一方的に差し引くということもまた、給料全額払いの原則（労基法24条1項）に反して認められません。**引継ぎをしないことを理由に「迷惑料」を請求するという発想は、法律的には通用しにくいものといわざるをえません。**

　従業員からの引継ぎが是非に必要になってくるのは、仕事が属人的になっていまっているがゆえのことです。そういう職場では、業務が特定の従業員に集中しがちで、人材がなかなか定着しないという一因にもなってしまいます。引継ぎをしない従業員が常識を欠いていることはそのとおりなのですが、業務の定型化やDX化を推進して、**そもそも退職する従業員の引継ぎに頼る必要がない職場づくりを目指す方がより建設的**です。

実例でチェック

　タクシー会社であるY社は、運転手が急に辞めてしまうと、人手が足りなくなって、動かせない車両が出てしまうことを防ぐため、

他の運転手を雇えるだけの余裕をみて、**退職申出をする場合でも、14日間は必ず勤務しなければならないということを就業規則に定めていました。**そして、**この間の勤務をしなかった従業員には、退職金は支払わない**とする覚書も作成していました。

　ところがY社で運転手をしていたXは、こういう規定や覚書があることを知っていながら、有給休暇や欠勤をするなどして、14日間の勤務をせず、そのまま退職してしまいました。そのためY社は、Xに対する退職金を支払わなかったのですが、**Xからしつこく請求されたので根負けして、本来の支給額の7割強の額の退職金を支払いました。**

　Y社としては、これでXとは円満に話しがついたと思っていましたが、Xはその後になって、差額の3割弱も支払われるべきだと主張して、裁判所に訴え出ました（参考裁判例：大阪地判昭和57年1月29日労働判例384号69頁［大宝タクシー事件］）。

　未消化の有給休暇を残して退職しようとする従業員の中には、仕方のないこととしてあきらめる人もいますが、ほとんどは使い切ってから退職するか、買い取りを求めるかをして、自分自身が損をしないようにと行動するものです。このうち、有給休暇の買い取りを求める方法は、そういう権利があるわけではないので分が悪いので、買い取り義務がないことを雇用主が知っていれば、結局、損をしてしまう結果に終わります。それでは困るので、**実際には、有給休暇を使い切ってから退職するというパターンの方が多いのではないかと思います。**

　この方法による場合、退職の申し出以降、その従業員は結局出勤してこなくなるので、引継ぎの問題が生じたり、設例のように、仕事が停まってしまうということがあり得ます。だからといって、首に縄を付けて連れてくるわけにはいかないので、**間接的にある程度の期間は出勤するよう動機づける工夫が必要になります。**Y社はそ

の方法として、**規定どおりに出勤をしないと、退職金を支払わない**という方法をとったのですが、Ｘはこれ自体がけしからんと主張したというわけです。

　なるほどこの方法は、従業員が退職時にまとめて有給休暇を取得することの妨げになること自体は否定できません。ですが、何もそこでまとめてとらなくても良いわけで、全体としては、従業員が有給休暇を取得することそのものを妨げているとはいえないでしょう。

　そうだとしても、退職金を支払わないというのは、一種の罰金的な取扱いにはならないでしょうか。従業員の立場からすると、そのような感覚になるかもしれませんが、もともと退職金というものは、法律上当然に支給されるものではありません。**退職金をどういう条件で、どこまで支払うかは、制度設計があってはじめて成り立つもので、一定の事由があったときには、減額事由とすることも許されます。**一方で、毎月の給料は、いくら支払うかは予め決まっていて、雇用主の一存で一方的に減らすことなどできません。退職金と毎月の給料とは、「どういう条件で支払うか」ということが、いつどのようにして定まるかという点において、根本的に違っています。

　とはいえ、**退職金は多かれ少なかれ、勤続年数を考慮して算出される例が一般的**です。そうすると、そこには勤務をしたことの功労的な性質が含まれていると考えられ、それをゼロにできる場合があるとすれば、そうした過去の功労を一切帳消しにしてしまうほどの問題が生じた場合に限られると考えるのが裁判例の傾向です。**退職までの14日間を勤務しなかったことが、過去の功労を一切帳消しにしてしまうほどの問題といえるかというと、そこは疑問が残ります。**ですので、Ｙ社がもし、就業規則の定めにこだわって、どれだけＸがしつこく求めようとも、退職金は一切支払わない、という強

硬姿勢をとっていれば、一部は支払うようにと裁判所から命ぜられた可能性があります。**実際の事例では、7割強が支払われていたこともあって、それ以上のXに対する支払義務は認められませんでした。**

　こうしたことから、引継ぎをしないまま退職をした従業員に対しては、退職金の減額事由となるという仕組みをとることが一つの方法として考えられます。ただ、退職金の制度がなかったり、あったとしても中退共（中小企業退職金共済）等を利用していて、雇用主の方で減額することができない場合には、こういった方法をとることができません。**引継ぎをしないで退職をするという従業員が出てきてしまうことを完全に阻止することは、難しいといわざるを得ないので、やはり従業員による引継ぎに頼らずにも済む組織づくりこそが求められる**といえるでしょう。

Q27 病気休職をしていた従業員から、休職期間満了日のわずか数日前になって、復職希望がありました。復職させなければならないのでしょうか。

A27 復職できる要件が整っていないならば、すぐに復職させる必要はありませんが、復職できるかどうかの判断がつきにくい場合は、休職期間を延長して、見極めを行うべきです。

解決のポイント

　就業規則で**病気休職の制度**を設ける場合、**期間満了日までに元の仕事に問題なく復職できないときには、そのまま退職となるか、解雇の対象となるという定め**もあわせて置いていることが一般的です。退職を避けたいのであれば、休職期間満了日までに健康を回復しなければならないのですが、身体のことですので、そう思いどおりになるとは限りません。そのため、**休職期間満了ぎりぎりまでは療養するものの、満了日間際には、無理にでも復職を希望するという例**も見られます。

　実際に健康を回復していて、元どおりの仕事ができるのであれば、休職期間満了の間際であったとしても、復職させるというのが当然の対応となります。ですが、本人がどれだけ復職を希望していても、健康が回復しているとは到底いえなかったり、ある程度良くなっていたとしても、**元どおりの仕事を問題なくこなすことは無理だろうという場合には、復職を認めるわけにはいきません**。そのため、ただ本人が復職したいという希望を申し出るだけで、医師の診断書など、健康を回復していて、**元どおりの仕事を問題なくこなせ**

るだろうといえるだけの根拠も何もない場合には、**復職を認めることはできないという対応をせざるを得ない**でしょう。そのまま、何の資料も提出されなければ、就業規則の定めに基づいて、休職期間満了時点で退職等の手続きをとることとなります。

　問題は、中途半端な資料だけが出てきたときです。たとえば、休職期間中、病状を問い合わせ続けていたところ、ずっと調子が悪いと回答してきていたのに、休職期間満了日の間際になって、急に「完治した」という診断書が出てきても、それを鵜呑みにして良いものかどうか、考えどころです。特にメンタル不調での病気休職の場合、完全に回復していなければ、また体調を崩して働けなくなってしまうかもしれません。復職できないだろうとハッキリわかる場合だけでなく、**復職して大丈夫かどうか、疑わしいという場合であっても、復職できると自信を持って判断できない以上は、復職させることはできないと考えることもできそうに思えます。ところがそのように思い切りすぎるのは禁物です。**

　休職期間満了日までに復職できないことを理由に退職扱いとしたり、解雇の対象とすること自体は、実務上も認められています。ですが、その時点で**退職なり解雇の対象とすることが、社会通念上相当と認められない場合には、そういう取扱いをしたこと自体が雇用主の権利を濫用したものとして無効と扱われる可能性があります。**復職して大丈夫かどうか、疑わしいという場合には、**その従業員の主治医に問い合わせをしたり、産業医と面談をしてもらって意見を聴いたりするなどして、実際に復職ができるかどうかを確認すべき**です。そういう手順を踏まないで、いきなり退職等の扱いとすると、その従業員が裁判にまで持ち込んだ場合には、社会通念上相当な対応とはいえないと評価されてしまうおそれがあります。もし、復職の申し出が退職期間満了日ぎりぎりに行われた場合には、期間的にこうした確認をするための余裕がない場合があります。そうい

う場合には、**必要な確認に要する期間を見越して、休職期間を延長してでも、きちんとした確認を行うべき**です。

　こうした確認の結果、やはり元の仕事に復職することは難しいということになれば、退職等の扱いをするかどうかを検討すべき段階に入ります。ここでは元の仕事に復職できるかどうかを考えるのが原則ですが、元の仕事は無理でも、他の仕事であればできるという場合や、少し業務を軽減した上で、徐々に元の仕事に復帰していくという方法であれば、復職可能ということであれば、すぐに退職等の扱いをせず、できる限り、復職に向けて協力するということも考えるべきでしょう。こうして**雇用主側が従業員の復職に向けた配慮をどれだけ行っているかということは、最終的に退職等の扱いをしなくてはならなくなった場合でも、社会通念上相当な対応であったかどうかを左右するポイント**となってきます。

応用のポイント

　雇用契約は、約束した仕事をきちんとこなしてもらうことが目的なので、何らかの理由で十分に働けなくなった場合には、契約の解消もあり得るということになります。雇用主の方からする契約解消とはつまり解雇のことです。就業規則には、解雇となり得る事由を定めておくことが必要ですが（労基法89条3号）、**「精神又は身体の障害により業務に耐えられないとき」**など、病気等が理由で働けなくなったときも解雇の対象となることは、雇用契約自体、働いてもらうことを目的としている以上、やむを得ないことといえます。もっとも、**病気等が業務上で生じたときには、法律上の解雇制限があるので、この解雇事由はあくまでも私傷病に限られる**ということなります（労基法19条1項）。

　とはいえ、働けなくなるということは、従業員にとっては一大事で、病気等が治るかもしれないのに、しばらく働けなくなったからといって、すぐさま解雇の対象とされてしまうのでは困ります。ですので、このような定めを就業規則に置いていたとしても、**しばらく休んで療養に専念すれば、また元どおり働ける可能性があるのならば、解雇そのものが社会通念上相当とはいえないとして、無効になってしまう場合があり得ます**（労契法 16 条）。そこで、私傷病で働けない状態になったときには、ある程度の期間を休職期間として定めて、その期間が満了するまでに元どおりに働けるようになって復職できなかったときにはじめて、退職扱いとしたり、解雇の対象とするという休職制度がよく採用されています。休職制度は、法律上、必ず設けなければならないというわけではありませんが、だからといって、**私傷病でしばらく働けなくなった従業員をすぐ解雇することが認められるかというと、なかなかそうはいかないので、事実上、休職による対応をすることは必須である**と考えるべきでしょう。

　休職のための期間をどの程度にするかについて、法律上の定めはありません。休職制度の趣旨が、病気を治してまた戻って来てもらう、というところにあることを考えると、だいたい**病気の治療に必要な期間はどの程度か**、ということを考えて、**合理的に設定**することになります。大きな企業では、1 年や 2 年という期間を置いていることもありますが、それは少々の欠員が出ても大丈夫という人員規模があるからこそなので、必ずそこまでの期間を設けなければならないというわけではありません。病気で休むことになった経緯や症状のほか、勤続年数や事業所の規模をふまえて、3 ヶ月から 6 ヶ月程度でも十分だといえる場合もあります。**休職制度の本質を解雇の猶予であると考えれば、その病状であれば、その程度は待ってあげても良いのではないか、という期間が適切な期間**だということに

なります。

　就業規則で休職の制度を定める場合、その期間はどれぐらいになるのかについては、明確に定めておく必要があり、**期間満了で当然に退職とするのであれば、そのこともきちんと規定して周知しておかなければなりません。**そうすることによって、休職中の従業員も、いつまでに復職しなければ、退職となってしまうということを心得るようになり、治療に専念することが期待できるというものですが、実際には、休職期間いっぱいまで休んで、満了日間際になって、復職の申し出があるということが多いといえます。

　休職は、病気で仕事をすることができなくなっていることを理由に行われるものですから、その裏返しである**復職は、病気になる前と同じように、元の仕事ができるまでに回復してはじめて認められるもの**ということになります。ですから、**休職中の従業員が復職をしたいと申し出たとしても、元の仕事ができるまでに回復していなければ、復職を認めるわけにはいかない**ということになります。従業員は、雇用契約に基づいて、完全な労働力を提供する義務があります。従業員が提供する労働力が不十分ならば、雇用主は受け取りを拒否することができるので、元の仕事ができるまでに回復していないのであれば、労働力の提供の拒否、つまりは復職の拒否ができるということになるわけです。ただし、その従業員が職種を限定して採用されたものでもなければ、**配置転換によって他の業務にあたる可能性**もあるのですから、そういう可能性がある限りは、**元の仕事は無理でも、他の仕事なら可能という場合にも、復職は可能として扱わなければなりません。**

　病気休職中の従業員は、病気が原因で休んでいるわけですから、病気が治れば元どおり働けるようになっているのではないかと考えることが合理的です。そのため、病気が治って仕事をするのにも問題はない、という診断書が提出されれば、原則的に復職を認めるべ

きだといえるでしょう。しかし、休職期間が何ヶ月にも及ぶような場合、その間、ずっと症状が良くならなかったのに、休職期間満了間際になって、急に全快するというのもおかしな話しです。

　特にメンタル不調で休んでいた従業員の場合、本人が仕事に復帰したいという意欲を強く示せば、主治医としても、職場復帰可能という診断書を書くより他にないということもあります。こういう場合には、実際にその従業員が担当していた仕事がどのようなもので、どれぐらいの労力を要するかということまで考慮せず、およそ働くことができるのかどうか、という観点からのみで、職場復帰可能という診断書が作成されている可能性が大きいといえます。**主治医に職場の実情を説明して、そういう具体的な仕事に戻ることができるかということを尋ねたり、職場の実情をよく知ってくれている産業医に意見を求めたりすると、結論が変わってくることもあります**。そういうことから、従業員が提出する診断書を無視するわけにはいきませんが、その内容に疑問があるのであれば、主治医に質問をしたり、産業医との面談をするよう指示するなどして、その結果をふまえて復職の可否を判断すべきだといえます。

　復職の申し出が休職期間満了間際に行われたときには、このような調査をするための時間的余裕がありません。だからといって、**十分な調査もしないで、「こんな診断書は信用できない」と決めつけて、そのまま休職期間満了を迎えて退職扱いとすると、やはり社会通念上相当ではないとの評価を受けてしまうリスクを伴います**。ここでは、必要な調査のための期間をあらかじめ見越して、休職期間を特別に延長して、きちんとした判断を行うべきだといえます。

　こうして雇用主が必要な調査を行おうとすると、医師によっては、患者である従業員の同意がなければ面談や質問に応じてくれない場合があります。また雇用主が従業員に対して産業医との面談を指示しても、当の従業員自身が応じないということもあり得ます。

こうならないよう、**復職にあたっては、雇用主が求める主治医との面談等が実現できるよう協力することや、産業医の面接を受けることなどに応じることを義務として定めておくことが重要**です。それでも従業員がこれらに応じないということであれば、一応、主治医による復職可能との診断書が出ている以上は、一旦、復職を認めざるを得ないでしょう。その上で、もしさらに仕事ができない状態になってしまった際には、直ちに復職を取り消して、再度、休職させるという対応をすることが考えられます。

　このような対応をするためには、**休職は雇用主による業務命令として発令できるものであることを就業規則に明記しておかなければなりません。**休職が従業員の権利であるかのような制度にしたり、従業員の同意を要するような制度にしてしまうと、とても運用しにくくなってしまいます。そして、一旦復職をしたものの、**病状が再発して、もう一度休職する必要が生じた際にも、休職期間をリセットするのではなく、復職を取り消すという仕組みにして、その後の休職期間は、もともとの休職期間の残り期間に限るという定め方をしておくことも重要**です。とはいえ、復職からかなり期間が空いているのに、休職期間がリセットされないというのは不合理なので、復職取消の対象となる期間は、せいぜい復職後6ヶ月程度までの間にとどめるべきでしょう。また、もともとの休職期間の残り期間があまりに短いときは、ある程度、期間を延長することで、復職取消後に退職等の扱いをしたことが、社会通念上相当性を欠くとの評価を受けないよう、対応しておくべきだといえます。

実例でチェック

　XはY社で建設工事現場の現場監督業務に就いていました。とこ

ろが、**身体を壊してしまい、現場作業をすることが難しくなったの**で、次の現場監督業務があるまでの間という限定で、一時的に社内での図面作成等の事務作業にあたっていました。その後、本来であれば、Ｘが現場監督業務にあたるべき仕事が入ってきましたが、その時点でもなお、Ｘの体調は回復しておらず、「今後厳重な経過観察を要する」旨の診断書の提出がありました。Ｙ社は、さらに詳しく、Ｘに対して具体的な病状について説明を求めたところ、「疲労が激しく、心臓動悸、発汗、不眠、下痢等を伴い、抑制剤の副作用による貧血等も症状として発生しています」等という内容を含む書面での報告がありました。こうした**Ｘの病状をふまえて、Ｙ社はＸに対し、当面の間、治療に専念してもらおうと休職命令を発しました。**

　それからしばらくして後、Ｘからは**「重労働は控え、デスクワーク程度の労働が適切である」**との診断書が提出され、**現場監督業務以外での復職が可能**であるとの申し出がありました。Ｙ社としては、Ｘを復職させるべきでしょうか（参考裁判例：最判平成10年4月9日労働判例736号15頁［片山組事件］）。

　病気休職中の従業員が**復職するためには、病気になる前の業務を元どおり問題なくこなせるようになることが必要だということが原則**となります。設例のケースでいうならば、Ｘは病気になるまでは、現場監督業務に就いていたのですから、復職するためには、病気になる前の業務である現場監督業務に問題なく戻れることが必要であるといえるでしょう。

　ところがＸは、現場監督業務に戻るにはなお無理ではあるものの、デスクワーク程度の労働であれば復帰できると申し述べています。四角四面に考えれば、一時期、デスクワークにあたってもらっていたことはあるものの、それは臨時的な対応であって、本来のＸの業務ではなかったのですから、現場監督業務に戻れない以上は、

復職することは認められないという考え方もあり得るように思える
かもしれません。ですが、**それなりに規模が大きい会社ならば、仕
事の内容がずっと固定されているとは限らず、部署の異動や職種の
変更も伴うことがあり得ます。**一方で雇用主の都合で職種の変更等
があり得るとしていながら、**復職の場面では、職種を固定的にとら
えることは、バランスが悪い**といわざるを得ません。実際の事例で
は、Y社はXの復職を認めませんでしたが、裁判所は、**Xの業務が
現場監督に限定されていたとは認められない前提で、Xの能力、経
験、地位、Y社の規模、業種、Yにおける労働者の配置・異動の実
情及び難易等に照らしてXが配置される現実的可能性があると認め
られる業務が他にあったかどうかを検討すべきであった**として、Y
社の対応は不適切だという判断をしました。

　このように、病気休職中の従業員から復職の申し出がある場合、
原則的には、病気になる前の仕事に戻れるかどうかが基準とはなる
ものの、**その従業員の仕事が病気になる前の仕事に限定して採用さ
れていた、という場合でない限りは、それ以外の業務であれば復職
できるのか、ということを考えなければならない場合もあり得ま
す。**

　一方で、たとえば休職中の従業員が専門技術職にあって、その技
術を活かす職種であることを前提に採用されているような場合に
は、それ以外の業務であれば復職できるといわれても、もともとそ
ういう前提で採用したわけではないのですから、たまたま病気にな
ったからといって、そこまでの特別扱いをしなければならないとい
う道理はありません。しかし、ずっと職種を変更せよというわけで
はなくて、リハビリ的に元々の仕事よりも軽い仕事をすることで、
徐々にならしていけば、元の専門技術職にも復帰できる、というこ
とであれば事情は違ってきます。これも認めることなく、休職期間
満了を迎えて、そのまま退職等の扱いをしたともなれば、「少しは

様子を見てあげてもよかったではないか」ということで、社会通念上相当とはいえない対応をしたとの非難を受け、その退職扱いは無効となる可能性が高いといえるでしょう。

　特に休職期間満了間際になって復職申し出がある場合には、その時点で完全に職場復帰できるようになっていることの方が珍しいとさえいえます。そういう場合でも、**100％の状態で復帰できなければ、復職させないという硬直的な態度をとるのではなく、段階的に復帰できるように業務の内容を工夫できないか、配慮することが必要**だといえます。そういう対応が、どこまでの範囲で、どれだけの期間行うべきか、休職期間満了までに判断ができないという場合には、**時間切れとして退職等の扱いをするのではなく、判断がまとまるまでの合理的な期間、休職期間を延長して対応すべき**でしょう。

　もっとも、こうした配慮をしてもなお、なかなか病気前の仕事に100％の状態で復帰するには至らないという場合には、いつまでも仕事の内容を変更したまま雇用し続けるわけにもいきません。その場合には、話し合いをして現状に即した条件に雇用契約の内容を変更することが考えられます。条件変更に応じず、かつ、元の仕事にもいつまでも戻れないということであれば、状況によっては解雇も選択肢に入り得ますが、これはあくまでも最後の手段であり、くれぐれも事を急がず、慎重に対応しなければなりません。

Q28 何回か契約更新をした有期契約の従業員につい
て、今回は更新することなく辞めてもらいたいの
ですが、トラブルにならないでしょうか。

A28 有期契約の期間が満了したからといって、更新をしない
ことが当然に認められるわけではありません。特に更新
することが通例になっている場合には、注意が必要です。

解決のポイント

　雇用期間を定めて契約をする有期契約は、あくまでも契約期間が
あるわけですから、期限がくればそこで終了ということは当然だと
いえます。ところが、世の中では、いわゆる契約社員であっても、
更新されることが珍しくなく、中にはもともと1年契約だったもの
が、何回も更新が繰り返されて、10年選手になっているという人
もあるかもしれません。このように、**何回も契約更新が繰り返され
てきたのに、今回については、契約期間が満了したのでそこで契約
終了です、ということができるでしょうか。**感覚的には、なかなか
そうはいかないだろうと思えるでしょう。

　では、まだ一度も契約更新をしていない従業員であれば、こうい
う問題は生じないのでしょうか。これもそう簡単にはことは進みま
せん。なぜなら、**その従業員はまだ契約更新をしたことがなかった
としても、同じように契約社員で働いている他の従業員は問題なく
契約更新されているような職場であれば、自分も当然、契約更新さ
れるだろうと期待しているはず**だからです。もちろん、誰でもが契
約更新されているわけではなくて、更新される人もあれば、そうで

ない人もあって、自分が更新される側に入るだろうということが本人だけの勝手な期待であれば、だからといって契約更新をしなければならないという理由にはなりません。

　契約更新を何回か繰り返しているような場合には、雇用期間に定めがあるといっても、ほとんど形だけになっているような場合があります。このような場合が典型で、**契約更新を繰り返すことで、期間の定めがない契約をしているのと変わらない実態になっている場合には、たとえ期間が満了したとしても、従業員の方から更新して欲しいと申し入れをすれば、雇用主は契約更新を拒むことはできない**ということになります（労契法 19 条 1 号）。

　また契約更新がこれまであろうとなかろうと、**従業員が契約更新されるだろうという期待を持つことが合理的だといえる場合にも、従業員の方から更新して欲しいとの申し入れがあれば、雇用主はやはり契約更新を拒むことができない**ということになります（労契法 19 条 2 号）。

　それだけでなく、有期契約が更新されて 5 年を超えれば、その契約期間が満了するまでに従業員からの申し出があると、無期契約に転換するということもできてしまいます（労契法 18 条）。契約社員はいつでも契約を打ち切れると誤解されがちですが、なかなかそうはいかないので注意が必要です。

応 用 の ポ イ ン ト

　パートやアルバイトで働いてもらう人との契約期間は、だいたい 1 年程度とすることが一般的です。雇う側としては、正社員には定年まで働いてもらうことを期待しているものの、パートやアルバイトは、急に辞めてしまうかもしれないということをある程度織り込

んでいることでしょう。もちろん、お互いの考えが一致して、１年に限らず、続けて働いてもらいたいという場合には、契約期限がきても、更新をして働き続けてもらえば良いので、実際には最初の契約期間だけで本当に契約が終わってしまうということの方が少ないかもしれません。このように、雇う側と働く側のお互いの考えが一致している場合には、契約期間が限られているからといって、何かトラブルになるような話ではありません。問題は、**雇う側と働く側とで、契約期限がきたときに、更新するかどうかの考えに食い違いが生じたときにどうなるのか**、ということです。

　もし、雇う側は契約更新をしたいと思っていても、働く側が期間満了を機会に辞めたいと思っているのであれば、続けて働いてもらうことはできません。逆に、働く側の方が契約更新をしたいと思っていても、雇う側が「ちょっとこの人は困る」と思っている場合にも、同じことがいえそうです。たしかに理屈ではそのとおりなのですが、**事情によっては、働く側が希望する以上、雇う側が更新したくないと思っても、引き続いて雇い続けなければならないという場合があるのです**。特に、**有期契約が更新されて５年を超えれば、その契約期間が満了するまでに従業員からの申し出があると、雇用主の意向に関係なく無期契約に転換されてしまいます**（労契法18条）。雇用主は、この無期転換の申出を拒否することはできず、契約で除外するということもできないことには要注意です。

　契約期間満了となった時点で、更新をしないでそのまま辞めてもらうことを、**雇止め**といいます。本来、契約期間はそこで終わるわけですから、雇止めになることはむしろ当然だといえそうですが、期間があるとはいうものの、更新があり得るという場合には、働く側からすると、期限がきたからといって、雇止めになるとは限らないと考えても無理はありません。それが働く側のただの思い込みではなくて、雇う側の方で更新があるかのように思わせぶりな態

度をとっていたならば、なおのことといえます。

そこで法律は、**何度か契約更新がされて、無期契約と変わらない状態になっていた場合**や、**契約が更新されるだろうと期待するのももっともだという事情がある場合**に、従業員の方から契約更新の希望があった場合には、雇用主は自由に雇止めができるわけではなくて、**その人を雇止めにするだけの客観的に合理的な理由と、なるほど雇止めにすることが社会通念上も相当と認められなければならない**という趣旨のことを定めています（労契法19条）。この「客観的に合理的な理由」や「社会通念上相当」という要件は、従業員を解雇する場合に法律が要求しているものと同じなので（労契法16条）、**雇用主の方で、従業員が「契約更新があるだろう」と期待するようなことをしていると、結局、解雇が認められるのと同じ程度の事情がなければ、雇止めはできない**ということになるわけです。

たとえば、過去に何回も契約更新をしているような従業員であれば、これからも特に自分から言い出さない限りは、当然、契約更新があるだろうと思っていたとしても無理はありません。まだ一度も更新されたことがない場合でも、他の従業員は、本人の希望があれば、ほとんど例外なく契約更新されていたという場合にも、自分だけが更新されないとは考えていないことでしょう。雇入れ時や契約更新の際には、どういう条件で働いてもらうかを明示しなければならず（労基法15条1項）、期間満了時に契約を更新するかどうかも明らかにしておかなければならないので、ここで**「自動的に更新する」**とか**「更新する場合があり得る」**としていると、それだけで従業員から**「契約更新されると思っていた」**と主張されると、更新の限度を定めるなどの特別な事情がない限り、反論のしようがありません。

もし、**最初から契約の更新は考えていない場合には、契約を更新するかどうかについては、「契約の更新はしない」とハッキリと示**

しておかなければなりません。だからといって、これまでの契約は更新され得ることが前提になっていたのに、今回の更新に限って、これを最後にする趣旨で「契約の更新はしない」と書けば良いというものではありません。契約の更新は、これまでと同じ条件の契約であることが前提で、内容を変更するのであれば、お互いの合意がなければならず、雇用主が一方的に今まで更新することがあり得た契約を今回限りのものとすることは、よほどの経営上の都合でもない限りはできないからです。

　雇止めが認められるための**客観的に合理的な理由**とは、ごくかいつまんで言うならば、**そういう事情があれば、誰でも契約更新をしないという判断をして当然だろうという理由**です。好き嫌いのような主観的な理由であってはならないことは当然ですし、裏付けを伴わない感覚的なものも客観性に乏しいので理由とはなりません。また、**そういう事情はあったかもしれないけれど、大きな問題とまではいえないときや、改善するチャンスなしに更新時になって急に伝えたという場合**などには、**客観的に合理的な理由があったとしても、雇止めをすること自体が社会通念上相当とはいえないと評価されてしまうことになります。**もともと、契約期間の定めがある場合には、最初の雇入れ時や契約更新時に明示しないといけない内容として**「更新する場合の基準に関する事項」**も含まれており（労基法施行規則5条1項1号の2）、更新をするかどうかもここで明らかにした基準に従って判断しなければなりません。具体的には、**契約期間満了時の業務量、会社の経営状況、従事している業務の進捗状況といった雇用主側の事情や、勤務成績・態度、能力といった従業員側の事情を更新する場合の基準**とすることが一般的で、こういった事項を書いておくことになります。

　他の従業員は契約の更新をしているのに、特にこの人だけは雇止めをするという判断が出てくるのは、ほとんどの場合、勤務成績や

態度が悪かったり、能力が足りないという事情があるからといえるでしょう。実際に雇っている側からすると、そういう事情は毎日の体感として明らかなのですが、そういう従業員に限って、自分の働きぶりに問題があるとは思ってもいないものです。なので、契約満了間際になって、更新をしない理由を「あなたの勤務態度が悪いから」と説明しても、まず納得してくれません。それでも雇止めを強行して、もし裁判沙汰になってしまえば、雇用主の方でその従業員の問題点を証明しなければなりません。しかも、裁判の実務では、改善するチャンスを与えることが求められる傾向にあるので、単に問題点があるということだけでなく、注意して指導したけれども改まらなかった、ということまで証明しなければなりません。もし、**従業員自身に問題があって、雇止めを考えなければならないときには、その問題点をきちんと注意して、指導を重ねたということを書面で残しておくことが必要不可欠**だといえます。

　雇止めを適法に行うことができる場合でも、厚労省が定めた「有期労働契約の締結、更新及び雇止めに関する基準」という告示によって、3回以上更新がされていたり、1年以上継続して雇用している場合には、**契約期間満了の30日以上前に予告**をすることが求められています。予告期間に足りない場合に、解雇予告手当のようなものを支払わなければならないかについては議論がありますが、もしトラブルになった場合には、同じ程度の金銭の支払いをすることで解決することはスジが通らない話ではありません。この告示は、あくまでも行政指導が行われるための基準であって、法律上の厳しい義務とまではいえませんが、現実問題として、雇止めに十分納得してもらうためには、急に伝えることは避けるべきで、雇止めが認められる場合だと判断できる事例であっても、この基準をふまえて、30日以上前に予告するよう心がけるべきです。

実例でチェック

　XはY短期大学の講師として、1年間の期間を定めた雇用契約を結んで働いていました。Y短期大学では、1年間の有期契約となっている講師でも、契約更新をすることがありましたが、契約職員規程にて、**更新の限度を3年**と定めており、それ以後は、勤務成績を考慮して、Y短期大学が任用を必要と認めた者についてのみ、期間の定めのない職種に異動することができるものとしていました。Xは2回の契約更新を経て、規程上の更新の限度である3年に達しました。そこでY短期大学は、Xを雇止めとしたのですが、Xはこれを不満に思って裁判所に訴え出ました（参考裁判例：最判平成28年12月1日労働判例1156号5頁［福原学園（九州女子短期大学）事件］）。

　期間を定めた雇用契約であっても、契約更新が繰り返されて期間の定めがないのも同じような状態になっていたり、従業員の方がこれからも契約更新が続くだろうと期待しても無理もない、という状況に至っていると、期間が満了したからといって雇止めとするためには、解雇と同じ厳しい要件をクリアーしなければなりません（労契法19条）。ですが、このケースのように、**規程で更新の限度が定められている場合には、ここまでしか雇わないということがあらかじめハッキリしており、従業員としても、それを承知で最初の契約をしているわけですから、その期間を超えて、なお契約更新があると考えること自体、無理がある**といえます。

　このように、**契約更新を繰り返す場合があるときでも、更新の限度を明確に定めて、そのことをしっかり確認しているような場合には、仮に従業員が「その限度を超えても更新されるはずだ」と期待したとしても、合理的な期待とはいえないので、雇止めが有効とし**

て認められやすいといえます。この事例でも、規程で契約期間の限度が定められているわけですから、実際、その限度に達した時点で雇止めになったとしても、Xの不満は合理的なものとはいえないでしょう。実際の事例では、期間満了後は当然に期間の定めのない契約になったのだ、というのがXの主張でしたが、規程上、誰でも期間の定めのない契約となるわけではなくて、勤務成績を考慮して、Y短期大学が任用を必要と認めた者についてのみ、期間の定めのない職種に異動することができると定められており、現にそうした運用がなされていたことから、Xの主張は採用されませんでした。

　雇止めの当否が問題となるのは、従業員において、契約更新があるだろうと期待してしまうような対応をしてしまうことによって生じます。**最初から更新はないことが明確に定まっていたり、更新はするものの限度が定められているという場合には、従業員としてもそれ以上の更新はないと心得て契約することでしょうし、万が一、まだ更新があるはずだと思ったとしても、筋違いだといえるでしょ**う。しかし、こうした定めが形式なもので、実際には限度を超えて雇用されている人が他にも何人もいたり、そもそもこういう限度があるということが、従業員に伝わっていないと意味がありません。**限度を定めたからには、基準がハッキリしない例外は設けるべきではありませんし、雇入れ時の労働条件通知書や雇用契約書にも、きちんと限度を明記しておくことが必要**です。

　理屈の上では、期間を定めて雇用する従業員というものは、長い間、雇用を継続することは想定されていないはずなので、契約の更新が何回も繰り返されるということ自体がいびつだということができます。もし、期間さえ満了すれば、更新することも雇止めとすることも自由だということであれば、経営状況にあわせて人員を調整することができるので、雇用主にとってはとても都合が良い仕組みだといえます。ですが、法律的にはそんなことは簡単には許されな

いので、期間を定めて雇用するのであれば、更新を無限定に繰り返すのではなく、最初からどこかで限度を設けるべきだということになります。**5年を超えて契約が更新されると、従業員に無期転換権が生じることを考えれば、その限度はどれだけ長くとも5年までと考えるべき**だといえるでしょう。なお、こうした限度は「最初の」契約時点でもうけられていなければならず、雇用主の都合で途中から設定したところで通用しないので要注意です。

Q29 メンタル不調で退職した従業員から、労災としての扱いをして欲しいといわれました。どうすればいいですか。

A29 労災申請をしたいという意向であれば、申請書類の記載等の助力をする必要がありますが、認識が異なる点については、従業員の言い分に拘束されるわけではありません。

解決のポイント

　仕事をしている最中に事故に遭って怪我をしたり、身体を壊してしまった従業員は、労災申請をして認定を受けることにより、病院で自己負担なしに治療を受けたり、給付金の支給を受けたりすることができる場合があります。**労災は、仕事に隠れている危険が現実化して、事故や怪我が生じてしまったという場合に認められるもの**で、たとえば建築現場での転落事故や、有害物質の取扱いを間違ってしまった場合など、物理的な事故によって生じたときが典型的だといえます。

　ところが最近では、こうした物理的な事故だけでなく、メンタルを病んでしまって仕事ができなくなってしまい、そうなったのは職場でのハラスメントが原因だった、などという理由での労災申請が増加しつつあります。職場のハラスメントは、どんな職場でも起きてしまいかねない出来事で、ひどいものであれば、メンタルを病んでしまう従業員が出てきてもおかしくありません。ですので、**ハラスメントも仕事に隠れている危険であることには違いがなく、これが原因でメンタルを病んでしまったという場合には、労災認定がさ**

れることもあり得るということになります。

　もし、職場のハラスメントが原因でメンタルを病んでしまったから労災申請をしたい、という申し出が従業員からあった場合、事業所は、その従業員が労基署へ書類を提出するための手助けをしなければなりません（労災保険法施行規則 23 条）。ですが、ハラスメントは、従業員が主張するような事実自体があったのかどうか、またそういう事実があったとしても、それがハラスメントにあたるのかどうか、必ずしも従業員の考えと雇用主の考えとが一致するとは限りません。特にパワーハラスメントの場合、従業員は「ひどい扱いを受けた」と思っていても、客観的にみれば、それは必要な注意指導であった、ということもあるかもしれません。

　従業員がハラスメントを受けたという申告をしているのに、それを無視して門前払いをするということは、雇用主の姿勢として正しいあり方とはいえません。ですが、その申告内容を受け止めて、合理的に必要と考えられる調査をした上で、従業員のいうようなハラスメントがあったとは認められないという結論に達した場合にも、従業員の主張に縛られなければならないというわけではありません。このような場合には、雇用主として、従業員がメンタルを病んでしまったことを労災であったと積極的に認める義務まではありません。このような場合でも、従業員が労基署へ労災申請をしたいというのであれば、書類を提出できるよう、助力する必要はありますが、従業員が主張するとおりに事実があったことを認めることまでの必要はないので、事実関係について、事業主としては、理由を添えて、従業員が申し述べているとおりの事実があったことを証明できない旨の書面を作成するという方法で対応すれば足ります。

応用のポイント

　労災というと、建設現場や製造現場など、日常では取り扱わない場所や機械を使って仕事をする業種についてのものと思われがちですが、最近では、物理的な事故だけでなく、メンタル不調を理由とした申請が年々増えてきています。メンタル不調は、業種に関係なく、どのような職場でも起こり得るもので、特に**その原因がパワハラをはじめとするハラスメントにあったという場合には、雇用主のハラスメント防止義務についての責任が問われかねない事態ともなりかねません。**

　ですが、仕事は楽しいことばかりではありませんし、うまくいかないときには、上司から厳しく叱られることもないとはいえません。度を超した注意指導や、注意指導に名を借りた単なる人格非難などはパワハラにあたり、許されるものではありませんが、従業員がストレスに感じた職場での出来事の全てがハラスメントにあたるわけでもありません。それでも**その従業員にとっては、体験した出来事が深刻な悩み事となり、メンタルを病んでしまい、これは労災にあたるのだと信じて疑わないというのであれば、雇用主として違う考えをもっていたとしても、従業員が労災申請をするということを止めるわけにはいきません。**それだけでなく、**法令上、従業員が自分で手続をすることが困難な場合には、手続を行うことができるよう、助力することや、必要な証明を求められたときには、すみやかに対応することが義務づけられています**（労災保険法施行規則23条）。

　このように、労災申請をしたいと思っている従業員に対して、雇用主が助力をすることは法令上の義務ですが、**本来、労災申請は、従業員自身が行うべきものというのが法律の建前です。**ですから、

従業員が何もしないで全部の手続を雇用主へ当然に丸投げできるわけではありません。労災申請は、いつ、どこで、どういうことがあったかを端的に記載しなければなりませんが、どういう出来事を労災だと考えるのかは、当の従業員でないとわからないことなので、**最低限、どういう事実があったのかは、従業員自身で特定してもらわなければ始まりません。**中には、「何があったかは、会社でわかっているはずですから、調査してまとめてください」などという申し出をする従業員もありますが、本当に事実関係がわかっているならばともかく、雇用主としてゼロから調査をするという義務まではありません。

　まして雇用主が従業員の考えとは違う言い分を持っているときにまで、従業員のいうとおりの事実を認める義務まではありません。**労災申請のための書類では、申請の対象となった出来事について、雇用主が「そのとおり間違いない」と証明する欄が設けられていますが、きちんと調査をした上で、従業員が主張しているのとは違う認識を持ったということであれば、この証明をすることはできません。**こういう場合には、代わりに証明できないことの理由を添えた書面を作成することになります。様式は問われていませんが、**「証明拒否理由書」**という書式が労基署に用意されていますので、参考にしてみてください。

　実際の労災申請手続は、雇用主の方で書類の作成や提出手続を代行するという手順がとられることが一般的です。ですが、雇用主と従業員との間で、労災の対象とされている出来事についての認識に相違があり、特に**証明拒否理由書を出さざるを得ないような場合には、そのまま従業員に代わって手続を進めていくべきかどうか、**判断に悩む場合があります。そういう場合にこそ、雇用主側で納得のいかない認定がなされないよう、手続の主導権を握るべきだという考え方もありますが、いざ労災認定がなされなかったときに、雇用

主が妙な働きかけをしたからだ、であるとか、提出すべき資料を提出せず、あるいは提出すべきではない資料を提出した、などというトラブルの原因にもなりかねません。従業員の個性にもよりますが、双方の認識にズレがある場合には、**必要な情報提供は行うべきですが、実際の手続自体は、従業員自身に行ってもらうようにした方が良い**といえます。特にメンタル不調を理由とする労災申請は、厚労省が定めた**「心理的負荷による精神障害の認定基準」**に当てはめて審査され、実際には申請すれば認定がなされるというほど簡単なものではなく、どちらかというとハードルが高いという実情にあります。

　この認定基準では、単にうつ病や適応障害などのメンタル不調が生じているだけではなく、**その発病前おおむね６ヶ月の間に、業務による強い心理的負荷が認められること**と、**業務以外の心理的負荷や本人自身の要因により発病したとは認められないことが要件**となっています。仕事の上でストレスのかかることがあったかもしれないけれども、それが「強い心理的負荷」とまではいえないときには、労災とは認められませんし、同時に私生活上のストレスも強かったり、その従業員自身の病歴や生活歴などの方が要因になっているという場合にも、労災とは認められません。従業員自身からしてみれば、メンタルを病んでしまうほどのパワハラを受けたのだから、当然「強い心理的負荷」にあたるはずだと思うことでしょう。ですが、**認定基準では、その従業員自身がどう受け止めたかではなくて、同じような職種、職場における立場や職責、年齢、経験などが似ている人たちが一般的にどう受け止めるかという観点から、出来事に伴う心理的負荷の程度を判断すること**とされています。そのため、従業員自身が辛かったと考えたとしても、必ず労災認定につながるというわけではないのです。具体的には、厚労省が提供している**「精神障害の労災認定」**というリーフレットで、出来事の具体

例を引いて、精神的負荷の程度を強、中、弱に分類してまとめている表が用意されているので、参考にしてみてください。

　メンタル不調を理由に労災認定が認められるためには、従業員自身がどう受け止めたかだけでことが決まるわけではないので、従業員から「労災としての扱いをしてほしい」との申し出を受けても、雇用主としてできることは、どういう出来事を対象としての申し出なのかを聞き取って、必要な調査を行い、労災申請の手続を援助することまでは義務であったとしても、労災であるという取扱いをする、ということまでは、実際の認定がなければ難しいということになります。そのため、**労災認定の結論が出るまでは、雇用主としては労災であることを前提とした扱いは差し控えざるを得ない**といえます。

　もっとも、ハラスメントではなく、職場で大規模な事故があったり、過重労働が続いていたことなどを原因とする場合には、事情が違ってきます。こういう出来事は、どういう人であっても、強い心理的負荷を受けるだろうと考えられるからです。**特に長時間労働が続いていると、ハラスメントだけでは労災にはあたらないものの、長時間労働の頻度や程度をとらえて、結論的には労災認定に至ることもあり得ます。**これも細かくは認定基準で説明されていますが、**1ヶ月 80 時間以上の時間外労働があったり、2週間続けて休みなしに働いていた**というようなことは、いつ労災となるメンタル不調が起きてもおかしくないと考えられているので、くれぐれもそういうことがないように注意が必要です。

実例でチェック

　Xは、幼いころに患った病気の影響で左手が不自由であり、身体

障害者等級 6 級の認定を受けていました。Ｘは、障害のために、とても細かい作業や重い荷物を扱う仕事にはつけなかったものの、そういう作業がなければ、問題なく働けると自主申告しており、メーカーであるＹ社に採用されて、製品の設計・開発業務にあたっていました。

　Ｘは、入社して 4 年ほど経過したころより、**業務の進め方等について、上司から注意指導を受けるようになり、ときには厳しく叱責されることもありました。**Ｘとしては、上司から厳しく注意されるような仕事ぶりではないと思っていましたが、**他の従業員からすると、上司の指摘はそれほどおかしなものではなく、むしろＸも改めるべきところがあるのではないかと思われていました。**

　こうしたいきさつがあって、以後、**Ｘの人事評価は芳しくありませんでしたが、Ｘはそれもまた不満に思うようになり、毎回の人事評価面談の都度、長時間にわたって自分の意見にこだわる主張をするようになりました。**

　Ｙ社はＸがメンタル面で余裕のない状態になっているのではないかと思うようになり、**臨床心理士やＹ社人事担当者との面談をそれぞれ 20 回近くずつ重ね、このまま会社に残りたいのであれば、自分自身で何をどう改善していったら良いかを考えるように促しました。**

　ところがＸは、Ｙ社とのこうしたやりとりをかえって気に病むようになり、医師から適応障害の診断を受け、それから 2 ヶ月ほど経ったある日、薬物自殺を図って亡くなってしまいました。Ｘの両親は、Ｘが亡くなってしまったのは、Ｙ社からのパワハラや退職強要等が原因だとして、労災の申請をしましたが、労災認定には至らなかったので、その取消しを求めて裁判を起こしました（参考裁判例：東京高判平成 30 年 2 月 22 日労働判例 1193 号 40 頁 [国・厚木労基署長（ソニー）事件]）。

　雇用主において、従業員の働きぶりに問題があると思ったときには、タイミングを逃すことなく注意指導をすることが必要不可欠です。ほとんどの場合、何がどういけなくて、どうすべきかを説明すればわかってくれるはずですが、中には「自分は間違っていない」という思いにこだわってしまう従業員もいます。そうなると、繰り返して注意指導をせざるを得なくなり、何度言っても伝わらないというときには、厳しい言い方をしてしまうこともないとはいえません。一方の従業員は、どこまで行っても自分は間違っていないと信じているので、客観的には必要な注意指導であったとしても、本人としては、上司が自分のことを目の敵にして、パワハラをしていると思うようになることも少なくありません。

　もし、こうした**行き違いがあって、従業員の方から「自分はパワハラを受けている」という申告があった場合には、雇用主として、まずはその言い分に耳を傾けて、きちんと事実関係を把握した上で、実際にパワハラにあたる事実があったのかどうかを調査することが必要**です。その結果、パワハラがあったとは認められないとの結論に至ったならば、その従業員自身に認識を改めるように働きかけなければ、職場の秩序が保てないこともあり得ます。設例のケースでは、Xから明白なパワハラの申告があったわけГではありませんが、自分に対する処遇が不当であるという不満が出ていたので、Y社としても、なるべくその言い分に寄り添おうと、面談をかなりの回数重ねたわけです。

　ところが人によっては、そういう対応自体がプレッシャーになり、精神的な負担になってしまうこともあります。もしここで、実際にメンタルを病んでしまった従業員の主観的な受け止め方を基準とすると、**すでにナーバスな状態になってしまっているXに対しては、こういったやりとりをパワハラや退職勧奨の趣旨であったと誤解するようなこともあり得た**といえるかもしれません。そうなる

と、Xが適応障害の診断を受け、さらにこれが悪化して命を絶ってしまったことも、そういった仕事上の対応によって生じかねない危険性が現実化したものだという評価がなされる可能性があります。しかし、実際のケースでは、**あくまでも同じような立場や経歴で働いている従業員であれば、一般的にどう受け止めるだろうかという基準で判断**が行われました。この場合、特にXが障害を抱えているという点は考慮されないのか、という点も問われましたが、労災はあくまでも仕事に隠れている危険性が現実化したかどうかが問題となるのであって、**Xが障害を抱えていることは、仕事に隠れている危険性に含まれるものとはいえないので、あくまでもXが障害を抱えていたかどうかではなく、現にどういう仕事上の立場にあったかという観点から検討すべきである**という**判断**がなされました。

　Xが自ら命を絶ってしまったこと自体は、とても気の毒なことではありますが、それが労災にあたるかどうかというと、設例にあるようなY社の対応を受けたからといって、Xと同じような立場や経歴で働いている従業員が、一般的にメンタルを病んでしまうとは認め難いといえます。実際のケースでも、裁判所はXに対して労災の認定をしなかった労基署の判断には誤りはないと結論づけました。こういうケースは極端に深刻な事例となりますが、**雇用主としては、労災申請の手続には助力することは当然に必要ですが、従業員側の言い分には添えない場合は当然にあり得るものとして対応すべき**です。

Q30 退職した従業員が労働組合に加入したという通知
が届きました。どのように対処していけばいいで
しょうか。

A30 退職した従業員であっても、労働組合に加入して団体交
渉を求めることが認められているので、不当労働行為と
いう評価を受けないよう、対応することが必要です。

解決のポイント

　職業の種類を問わず、会社や個人に雇われて、給料をもらって働
いている人たちは、法律上はすべて「労働者」と位置づけられま
す。**労働者は誰でも、労働組合に加入して、雇用主と団体交渉をす
ることができる権利を持っています**（憲法 28 条）。退職した従業員
との関係では、今はもう雇用主ではありませんが、**未解決の労働問
題があるときには、退職したあとから労働組合に加入して、元の雇
用主に対して団体交渉を申し入れることも認められています。**

　労働組合の多くは、職場内の従業員同士が集まって構成されてい
るものですが、最近では、そもそも職場に労働組合がないというと
ころも少なくありません。そういう場合には、**職場という単位や雇
用形態に関係なく、地域や職域などで集まって構成されている労働
組合に加入する方法**があります。こういった労働組合は、合同労働
組合やユニオンなどという名称を掲げていることが多いです。

　職場内の従業員同士が集まって構成されている労働組合の場合、
雇用主としても、お互いに見知った間柄ですが、**合同労働組合やユ
ニオンの場合には、全く見ず知らずの人たちとのやりとりが必要に**

267

なってきます。どういう労働組合に加入するかは、全くの自由であり、実際に労働組合に加入した以上、雇用主は団体交渉の申し入れを正当な理由なく拒むことはできません（労組法7条2号）。

　もちろん、「今日、労働組合に加入した。今すぐこの場で団体交渉に応じるように」といわれても、雇用主側にも都合がありますから、そんな急には応じられないということになるでしょう。また、さすがに今すぐとはいわれないものの、日時を労働組合側から指定されても、仕事の都合で応じられないということもあり得ます。このように、**労働組合から求められたとおりに団体交渉に応じる義務まではありませんが、「その日時では都合が悪い」と言ったきりでは、結局、団体交渉に応じないことと同じです。**ですのでこういう場合には、**「その日時は無理だが、この日時なら応じられる」ということで、団体交渉に応じることありきでの日程調整をしなければなりません。**この日時があまりに離れていると、実質的に団体交渉を拒否しているのと同じことと受け取られかねないので、**なるべく早くに日程を設けるよう工夫することが必要です。**

　また、**日時だけでなく、どこで団体交渉を行うかということも、重要な問題です。**労働組合側からは、自分たちの方から出向くので、どこか職場の適宜の場所で実施しようという申入れがあることが一般的ですが、そのような方法で進めるべきかは考えどころです。職場の適宜の場所となると、極端なことをいえば、終業時間後であれば、始業時刻までの間、夜通し交渉に付き合うことも、物理的には不可能ではないためです。そういう事態にならないよう、**外部の貸会議室等を借りて、団体交渉を行うよう労働組合側と協議をすることも最初の段階で考えておいた方が良いといえます。**

応用のポイント

　従業員が退職することとなったいきさつは、いつも円満なことばかりではありません。やむを得ず、解雇をせざるを得なかった場合もあれば、何か雇用主に対して思うところがあって、辞めていったということもあります。こういった場合には、従業員の気持ちの中で未整理な課題があって、誰かの力を借りてどうにかして解決したいと思うに違いありません。そうした場合によく言われるのは、労働基準監督署に相談をしにいく、という方法です。

　ですが、**労基署は労働基準法や労働安全衛生法といった法律への違反についての取り締まりを行うための機関で、たとえば不当に解雇されたであるとか、ハラスメントを受けたなど、事実があったかなかったかによって、当否の判断をせねばならないような事柄については、対応することができません。**もっとも、残業代が未払いだという訴えについては、労基法違反が問題となる場面ですので、実際にそういう問題があると、労基署から指導を受けることとなります。ですので、**従業員が退職するにあたっては、まずもって残業代が未払いになっていないかどうかについては、十分に注意しておく必要があります。**

　ともあれ、従業員が雇用主との労働問題について誰かの力を借りようと思ったとき、労基署で対応できる範囲は世の中で思われているほど多くはありません。もし、労基署では対応できない案件となれば、弁護士に相談するよう助言がなされることがあり、最近では退職した従業員から委任を受けたという弁護士からの内容証明郵便が急に届く、ということも珍しくなくなりました。その場合には、雇用主側も弁護士に依頼して、法的にどうすべきかの助言を受けながら対応すべきだということになります。

　ところが、従業員が弁護士に依頼するとなると、まずもってその言い分が法律的に通用するものでなければなりません。労働に関する法律は、基本的には働く人の味方をするようにできているのですが、たとえば解雇の経緯に従業員側にもそれなりに問題があった場合や、ハラスメントを受けたという思いが強いものの、確たる証拠がないような場合には、弁護士に相談しても、色よい返事が得られないこともあり得ます。こういう場合には、正面から法律論争を仕掛けるよりも、道義的な観点なども交えながら、交渉で解決をした方がうまくいくのではないか、という思いが従業員側に出てくることがあります。**労働組合はまさに、こういう交渉ごととして、従業員と雇用主との間の問題を解決するために、従業員にとってうってつけの存在**だといえます。

　こうして労働組合に加入した従業員は、それからあとは、労働組合に交渉を委ねるか、他の組合員と一緒になって、雇用主と交渉を行うことになります。労働組合の代表者や、労働組合から委任を受けた者であれば、これまで雇用主と縁もゆかりもなかった人であっても、組合員となった従業員のために交渉をして合意をする権限が法律上当然に認められています（労組法6条）。労働組合との間で書面によって取り交わした合意は、組合員となった従業員との間でも効力を有する労働協約となります（労組法14条）。

　労働組合は、労働に関する諸問題を専門的に勉強して毎日活動している団体であり、経験も豊富です。そのため、雇用主の側からすると、団体交渉の申し入れがあったとしても応じたくはないという気持ちになっても無理はありません。しかし、**正当な理由なく団体交渉を拒むことは、法律で禁止されています（労組法7条2号）**。それ以外にも、労働組合の組合員であることを理由にした不利益な取扱いや、労働組合の運営に支配介入することも、同様に禁止されています（労組法7条1号、3号）。こういった禁止行為を**不当労**

働行為といい、もし労働組合が組合員の雇用主からそのような対応を受けたと考えた際には、**労働委員会に申し立てて、救済命令の発令を求めることができます（労組法 27 条）**。労働委員会での手続となってしまうと、かなり時間をとられてしまいますし、その間も団体交渉の申し入れには応じなければなりません。そうならないよう、最初から団体交渉には応じておくべきです。

　労働組合からの団体交渉の申し入れでは、何を交渉の議題とするのかということのほか、いつ団体交渉を行うべきか、日時の指定もあることが一般的です。団体交渉申入書自体、雇用主の都合を確認しないで突然に届くものですので、日時についても、都合が付かないということは当然あり得ます。労働組合もそのことは通常は織り込み済みなので、**団体交渉に応じるつもりであることを説明すれば、ある程度の日程調整は受け入れてくれる場合がほとんどです**。ただ、あまりにも先の日時を指定すると、団体交渉に応じるつもりがあるのかどうかを疑われてしまい、当初の予定どおりに開催するよう強行に求められてしまうこともあるので、**できれば 1 週間以内、遅くとも 2 週間以内には、日程を設定できるように努めるべきです**。

　あわせて、**団体交渉をどこで行うのかについても慎重に考えるべきです**。団体交渉申入書では、職場の適宜の場所を指定してくれれば、労働組合の側から出向いて行く、という意向が示されていることがありますが、そもそもそんな場所がないということもあるでしょうし、仮に場所があったとしても、集中して団体交渉を行うためには、**2 時間程度、外部の公共施設等の場所を借りた方が良いでしょう**。意見の違う者同士が協議をする場合、**集中力や気力が持続するのはせいぜい 2 時間が限界**だといえますが、職場を団体交渉の場所とすると、際限なく時間が費やされてしまう可能性があるためです。そうすると、いっそのこと 1 時間程度にしてしまう、というこ

とも考えられるかもしれませんが、**そもそも頭から団体交渉の時間を制限してしまうことは、団体交渉をきちんとしようという意思を持っているのかどうかが疑われてしまいます。団体交渉には応じる**ものの、きちんと協議をしようとしないと、**不誠実な団体交渉だとして、実質的には団体交渉を拒否したのも同然として、不当労働行為にあたることがあるので、くれぐれも注意が必要です。**

　なお、この場合に設定する会場は、労働組合が職場を訪問するのと比べて、**かなり不便になるような場所を設定しないように意識することが必要です。また、会場の費用も雇用主の方で負担すべきで**しょう。そうでなければ、労働組合の方から外部の会場で団体交渉を行うこと自体を拒否されて、最悪、職場まで押しかけてくる事態にもなりかねません。最初のボタンを掛け違えてしまうと、どんどん話がこじれてしまいかねないので、最初の段階で、雇用主としても団体交渉に応じるつもりでいることは、しっかりと説明した上で、態度でも示すように心がけることが重要です。1回の団体交渉で解決に至ることは滅多になく、2回、3回と回数を繰り返して団体交渉に応じなければならない場合もあります。団体交渉はあくまでも交渉ごとですので、**労働組合側の要求に雇用主が全部応じなければならないというわけではありませんが、お互いの譲歩によって、どうにか合意に達することができないかを試みたいという姿勢を旨として臨むことがポイント**となります。

実例でチェック

　Xをはじめとする何名かは、**6年から16年前にY社を退職した従業員ですが、在職中に努めていた職場で、アスベストが使用されていた可能性があることが判明し、うち何名かは死亡してしまいま**

した。そこでXらと死亡した従業員の遺族で労働組合を結成して、Y社に対して、自分たちが働いていた当時、アスベストがどこでどれだけ使われていたのかを明らかにして説明すると共に、Xたちの健康被害を救済するための補償制度を作ることを求めて団体交渉を申し入れました。Y社は団体交渉に応じなければならないのでしょうか（参考裁判例：大阪高判平成21年12月22日労働判例994号81頁［住友ゴム工業事件］）。

　退職した従業員であっても、在職中に生じていた未解決の問題があるときには、労働組合に加入して団体交渉の当事者となり得ると考えるべきですが、この事案のように、**何年も前に退職した従業員であったとしても、やはり団体交渉には応じないといけないのかが問題となります。**もし、どれだけ昔に退職した従業員であっても、例外なく団体交渉に応じなければならないというのであれば、雇用主としても、誰も当時のことがわからない中で対応に当たらざるを得ないことにもなりかねず、負担があまりに大きいといわざるを得ません。そのため、**退職した従業員が労働組合に加入して団体交渉の申し入れをした場合に、雇用主側でこれに応じなければならない義務が生じるのは、合理的な期間内に限るとするのが裁判例の一般的な考え方です。**

　問題は、**どれほどの期間であれば合理的な期間といえるかですが、これはケースバイケースというより他にありません。**たとえば、解雇が無効だという主張は、常識的には退職後すぐに行われるべきことだろうといえますので、ぎりぎり1年程度であれば、何らかの事情があったといえるのかもしれませんが、2年も3年も経ってから団体交渉の申し入れがあっても、合理的な期間内に申し入れがあったということはできないでしょう。一方で、残業代や損害賠償等を問題とする場合には、時効にかかるまでの間は個別に権利行使が可能ということもあるので、最低限、それまでの間は、団体交

渉の対象にもなり得ると考えざるを得ないといえます。

　設例では、最長で16年も前に退職をした従業員も含まれていますので、さすがに合理的な期間とはいえないのではないか、という疑問もあるかもしれません。実際の事例でも、Ｙ社は団体交渉に応じなかったので、Ｘらが結成した労働組合がこれを不当労働行為だとして、労働委員会に救済命令の発令を求めましたが、労働組合側の主張は認められませんでした。

　ところが裁判所は、**ことがアスベスト被害だということに注目して、被害自体がとても長い潜伏期間を経て、発病という形で現れるという特殊性があることをふまえて、この事例についていう限りは、退職後長期間が経過していても、なお合理的期間内の団体交渉申し入れにあたる**と判断をしました。

　このように、退職した従業員が労働組合に加入して団体交渉の申し入れをしてきた場合には、もう雇用主ではないから、という理由だけで、団体交渉を拒否することができるわけではありません。そうはいっても、あまりにも昔のことを持ち出されても困るので、**退職後合理的期間を過ぎてから行われた団体交渉申入については、雇用主が応じなかったとしても、不当労働行為にはあたらない**ということができます。そして、**合理的期間内といえるかどうかは、どういう事柄を団体交渉の議題にしようとしているかによってケースバイケースで判断する必要があります。**

　アスベスト被害のように、かなり年月が経過してから初めて発覚するような問題については、退職後長期間経過しても、団体交渉に応じる義務が生じるのに対し、解雇が無効だと主張するような場合には、常識的にはことが起きてからすぐに請求が行われて当然なので、退職して何年も経ってからの申入れについては、団体交渉を拒んでも、不当労働行為には当たらないといえるでしょう。その見極めは非常に難しく、ハッキリした基準があるわけではないので、**か**

なり昔の話だと思われる場合でも、現に雇用関係と密接に関連して
発生した出来事で、その問題を現段階で解決することが現実問題と
して可能であり、かつ、適当と考えられる限りには、なるべく団体
交渉には応じて、問題解決にあたることが望ましいといえるでしょ
う。

著者紹介

伊山正和（いやま・まさかず）

京都総合法律事務所　パートナー弁護士

平成9年3月立命館大学大学院法学研究科博士課程前期課程修了。同年
10月司法試験合格。平成12年4月弁護士登録（京都弁護士会）。
解雇についてのトラブル、残業代請求、就業規則の不利益変更問題、休
職からの復職についての問題、労災事故についての企業側からの対応な
ど、企業側の立場からの労務問題に注力。
地元京都の企業を中心とした顧問業務のほか、企業の労務担当者や社会
保険労務士の方々を対象に、問題社員対応、残業代請求対策、同一労
働・同一賃金対応など、最近のトピックをふまえた労務セミナーを定期
的に開催。大学、外郭団体、社会保険労務士会などからの講演の依頼も
多数。事務所ホームページのほか、Twitter でも情報発信を行っている。

企業労務相談ホームページ　https:// kyoto-kigyohomu.com/
Twitter @Richaso_law

■書籍コーディネート　インプルーブ　小山睦男

ポイントで解決！　そこが知りたい労務相談

2023年6月14日　第1版第1刷発行　　定価はカバーに表示してあります。

著　者　伊　山　正　和
発行者　平　　盛　之

発行所　㈱産労総合研究所
　　　　出版部　経営書院

〒100-0014　東京都千代田区永田町1-11-1　三宅坂ビル
電話　03-5860-9799
https://www.e-sanro.net

ＤＴＰ　朝日メディアインターナショナル株式会社
印刷・製本　勝美印刷株式会社
ISBN978-4-86326-360-4　C2032